とにかく結果が出る WEBマーケティング

クレアルティ株式会社 代表取締役
小石彩夫
Asao Koishi

明確な商品コンセプト → 刺さるキャッチコピー → 購入までの導線づくり

さきの出版

こんな悩みはありませんか？

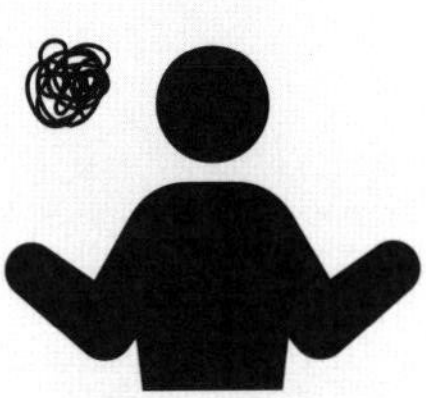

プロローグ

「WEBマーケティングをしたほうが
いいのはわかっている。
でも、何から始めていいのか
わからない…」

「これまでに自社で
いろいろなSNSに手を出してきたけれど、
どれも続かなかった…」

「WEB集客の専門家や
広告会社にお願いしてきたけれど、
思うような結果が得られず
お金だけかかった…」

大手企業でも、小規模の企業でも、
こういったケースは
少なくありません。

WEBマーケティングは、結果がすべて。

ただし、しっかりとリターンを得るには、

「押さえなければいけない絶対法則」

があります。

この絶対法則さえ押さえれば、
驚くほどの結果を得ることができます。

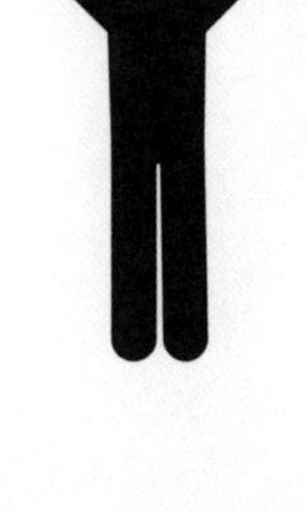

☑ ひとりあたりの集客コストが4分の1になった
エステサロン

☑ 広告費をかけたことで、売上が2倍になった
コンサルティング会社

☑ 広告回収率が1900％を超えている投資会社

☑ WEBだけで、500人以上を
コンスタントに集客できているクリニック

☑ 新規事業の売上が3倍になったサービス会社

どれも、珍しいことではありません。
本書では、700社、
96%の確率で成功した秘訣を
徹底解説します。

プロローグ

本気で結果を出したい経営者や企業こそ、
ぜひ本書で紹介する法則を活かしてください。

はじめに

本書は、商品やサービスが思うように売れず悩んでいる企業が、ＷＥＢマーケティングで結果を出すための本です。

ＷＥＢマーケティングとは、ＷＥＢサイトやＷＥＢサービスを用いて行われるマーケティングの総称です。

「マネジメントの父」と呼ばれるピーター・ドラッカー氏は、

「マーケティングの究極の目的は、セールスを不要にすることだ」

という言葉を遺しています。

ＷＥＢマーケティングにセールスがまったく不要なわけではありませんが、「商品やサービスが売れるしくみや流れをつくること」こそ、ＷＥＢマーケティングが目指すべきものです。

ＷＥＢマーケティングは、１９９４年にアメリカ最大の電話会社であるＡＴ＆Ｔが世界初のバナー広告を出稿して以来、インターネットの普及とともに発展を遂げてきました。

わたしがこの世界に足を踏み入れるきっかけとなったのが、２００９年に寿司レストランのシェフとしてイタリアへ赴いた際に目の当たりにした、Ｆａｃｅｂｏｏｋの隆盛です。

ＷＥＢ広告に計り知れない可能性を感じたわたしは、ＩＴ大手やベンチャー企業を渡り歩き、ＷＥＢマーケティング業務に携わりました。

そして２０１６年２月、もっとお客様に貢献したいという想いでクレアルティィ株式会社を設立し、これまで**業種を問わず、およそ７００の案件に携わり、96％を超える確率で成功**を重ねています。

マスメディアを使った広告の効果が弱まっていると言われるなか、ＷＥＢマーケティングへの関心が年々高まっています。

ところが、いざ始めたはいいものの思わしい結果が出ない企業、広告会社へ相談して有料広告を発信しても状況が変わらず、ＷＥＢマーケティング自体をやめる企業が少なくありません。
人的コストや広告費をかけても芽が出なければ、非常に残念な形で終わってしまうのが、ＷＥＢマーケティングなのです。

ＷＥＢマーケティングにおいてよく耳にする企業担当者の悩みは、

・どこから取り組めばいいのかがわからない
・広告費が高すぎて、十分な利益が確保できない
・集客できても、売上につながらない
・顧客に刺さるキャッチコピーが出てこない
・困ったときに、誰に相談すればいいかわからない

といったものです。

向上心のある人は、ＷＥＢマーケティングの書籍を検索し、知識を深めようとしているのかもしれません。
ただ、巷にあふれている書籍は特定のＳＮＳやツールの使い方といった「ノウハウ」を

解説するものがほとんどです。

ＷＥＢの世界は日進月歩であり、かつ流行り廃りがあるために、特定のツールに依存したノウハウでは、継続的に成功することができないのです。

本書では、そんな企業担当者や経営者の方々のお悩みを解決し、ＷＥＢマーケティングで成功し続けていただくための、「考え方」を解説しています。

具体的には、**ＷＥＢマーケティングで大切な、商品の打ち出し方、顧客に刺さるキャッチコピーのつくり方、購入に至る導線、広告会社の選び方や付き合い方、成功事例などの、ＷＥＢマーケティングで成功するポイント**を詰め込みました。

本書をきっかけに、ＷＥＢマーケティングで成功する会社が増えれば幸いです。

２０２４年６月　小石彩夫

『とにかく結果が出るＷＥＢマーケティング』目次

目 次

第2章 売れる! WEBマーケティングの王道7ステップ

目次

第3章

WEBマーケティングで成功するポイント

目次

目次

第1章

WEBマーケティングでかならず押さえるべきこと

WEBマーケティング
すべてに通じる根本論

商材によって、手法が異なる部分もある

WEBマーケティングは、SNSなどのWEBツールを駆使して商品の販売や集客につなげるマーケティング手法です。

WEBマーケティングの対象となる商品やサービスは多岐にわたりますが、大まかに言うと

①無形商品
②有形商品

の2つに大別されます。

①の無形商品には、コンサルティングサービスや、英語スクール、不動産投資、新規事業、フランチャイズ展開等のノウハウを提供するサービスなどがあり、販売するものは、物理的な「モノ」ではなく「情報」といった、まさに「ノウハウ」です。

無形商品を販売する場合のＷＥＢマーケティングの目的は、サービスの購入や顧問契約・コンサルティング契約の締結、有料講座などの購入につなげることになります。

そして、②はそれ以外の、たとえば電化製品や食べ物、飲食業、ＥＣサイトなどの物理的な「モノ」が商品に当たります。

なお、エステなどの美容系サロンや美容整形、ヘアカット、マッサージなど（物販を除く）は、プロが技術や施術などのノウハウを提供するという意味で無形商品と考えるべきでしょう。

なぜこのような２つの枠に大別するかと言うと、この２つを切り離さずにＷＥＢマーケティングの考え方をお話ししても、どうしても当てはまらないケースが出てくるからです。

基本的には共通する部分が多いため、２つを区分けせずにお伝えしますが、手法が異なる場合には、分けて説明します。

商品は魅力的であることが、WEBマーケティング成功の根本

これから本書を読み進めていただくうえで、まず知っておいてほしいのは、どれだけWEBマーケティングの手法を覚え、駆使してよく見せたとしても、そもそもの商品が魅力的でなければ売れないということです。

残念な商品をよく見せることはいくらでもできますが、それでは誇大広告になりかねません。実際に買ってみたら駄目な商品だったとすれば、クレームになり、企業イメージが下がってしまいます。

WEBマーケティングすべてにつながる根本的なところは、そもそも商品が魅力的であることです。魅力的ではない商品を、手法だけで売るのは難しいでしょう。

よく言われる話ですが、物が不足していた頃は、つくれば売れる時代でした。

でも現代は物であふれているため、「商品やサービスを出せば売れる」と考えるには無理があります。

商品も広告も膨大にあるなか、ただ、「この製品はすごくいいですよ」と言っても、消費者には届きません。むしろ、**商品やサービスのメリットや差別化ポイント、さらに言えば商品を使うことで待っている未来、できる体験などを伝えていくことが、これからの時代にはますます重要になってくる**でしょう。

結局のところ大切なのは、マーケティングの対象となる商品・サービスです。まずは商品開発をしっかりと行い、「見せ方」を変えて他商品と差別化したうえで、マーケティングを実施することを忘れないようにしましょう。

たとえば、一般的に差別化が難しいと言われている脱毛サロンで、お客様の肌に触れる部品を交換できるようにして清潔さを打ち出し、成功した例もあります。

「うちの業界には、差別化できる部分はない」と最初から諦めるのではなく、どこかに差別化要因がかならずあると信じて、真剣に考えることが大切です。かならず突破口はあるはずですから。

売れるものがあって、はじめて広告が活きてくることを、まずは認識しましょう。

WEB マーケティングの根本は商品が魅力的であること

昔	現代
つくれば売れた	差別化し、商品で得られる未来が伝わらなければ売れない

差別化できる要素を考え続けることが成功の鍵

差別化は「想い」で表現できる

「想い」は世界でオンリーワン

ＷＥＢに限らず、昨今のマーケティング全般に関わる話なのですが、現代は想いや世界観、理念などを伝えていくことが、最大の差別化につながります。

たとえば無形商品のひとつであるパソコンスクールは、スクールによって教える内容に大差がなく、「強み」を出そうとしても似たり寄ったりになってしまいがちです。

そんななか、

「わたしがこのパソコンスクールを立ち上げたのは、こんな想いがあったからです。その想いがあるから、わたしはあなたに○○を約束します」

という文言を入れることで、世界に唯一のものにすることができます。

多くの女性が好むシャネルも、数多ある宝飾品メーカーのなかで唯一無二の世界観を出すことで、

「エレガントさが好き」

「あのマークの黒い背景が、わたしは大好き」

というように世界中の女性へ訴求し、熱烈なファンを生んできました。

自社の独特の世界観を文字化、ビジュアル化することが、大切なのです。

想いや世界観、理念などで差別化を図ろう

世の中の商品やサービスは、とくに競合他社がたくさんいる業界ほど、似たり寄ったりになりがちです。

でも、商品・サービスに対する想いはそれぞれに違って当然なのではないでしょうか。

その想いや世界観、理念をしっかりと伝えていくことが、ＷＥＢマーケティングを実施するうえでも非常に重要です。

とくに**現代は、商品そのものよりも「誰から買うのか」が重視されており**、生産者、もしくはサービスを提供する人の人柄や世界観から選んでもらうようにしたほうが、長期的なファンの獲得につながっていきます。

以前なら

「この商品には、こんな機能があります！」

と言っていればよかったのですが、現代は消費者から

「そんな機能、どこにでもあるし」

と思われてしまうわけです。

とくに人が関わるサービスは、想いや世界観、理念などで差別化することを意識し、アウトプットしましょう。

WEBマーケティングで「WEB」にだけ取り組むのは誤り

WEB以外の部分もしっかりと整備しよう

よくある勘違いに、「WEBマーケティングは、WEBの部分をしっかりと構築すればうまくいく」というものがあります。

WEBマーケティングを行うにあたっては、WEBとは別の「オフライン」の部分にこそしっかりと取り組む必要があるのです。

つまり、WEBの部分を万全にしてもそれ以降の流れが不十分では、結果がともないません。

たとえば、WEBで集客した見込み客をそのまま放置するのではなく、すぐにアポイントをとるべきですが、アポイントをとる手法や段取りを考えていないケースが、非常に多いのです。

さらに、見込み客へ電話をして面談のアポイントをとったら、次は商品やサービスを買ってもらうためのトークを考え、練習しなければいけません。

そして、物販を扱っている企業がＷＥＢを通じてお客様に商品を買ってもらったとしても、それで終わりではありません。

コンバージョン後は、商品を発送するタイミングが適切なのか、顧客からの問い合わせに対するサポートが充実しているか、そもそもその商品が顧客の満足を得られるものなのかというところまで見直す必要があります。

もし商品が顧客の満足を得られるものではなかったり、サポート体制が不十分だったりすれば、悪い口コミが広がり、企業イメージが下がってしまいます。

ＷＥＢマーケティングを行う際は、ＷＥＢ以外の部分もしっかりと整備しなければならないのです。

WEB 以外の整備に
取り組めているか

WEB マーケティングで
重要なのは「オフライン」の部分

↓

たとえば…

1
WEB 集客した見込み客へのアポイント

2
商品やサービスを
買ってもらうためのトーク

3
商品の速やかな発送、顧客サポート

広告会社は「協力し合う」パートナー

広告の成功には、クライアント（広告主）の協力が不可欠

無形商品を扱う企業の場合、当社のもとに数多く寄せられるのは、セミナー集客の方法に関するご相談です。

当社がご依頼を受ける際、クライアントには当社がセミナーの集客を行ったあとで、見込み客へ事前に「セミナーのお申し込み、ありがとうございました。こんなセミナーなので、当日楽しみにしてくださいね。当日はよろしくお願いします！」と電話をしていただくことがよくあります。

電話をしていただくメリットは、したほうが参加率が高くなることが多いからです。ところが、この「ひと手間」をかけたがらないクライアントが非常に多いのです。

WEBマーケティングはわたしたちWEBの専門家だけが持ち場を整えればいいわけではありません。集めた見込み客に対してわたしたちが直接アプ

ローチするわけにはいかないため、しっかりとセミナーや本命商品の売上につなげるには、クライアントと協力し合う必要があります。

お互いに協力し合わなければ、ＷＥＢマーケティングの目的を達成することはできません。この点を理解することが、非常に重要なのです。

「プロ」に丸投げするだけでは、うまくいかない

ところが、「プロにお願いしたら、売上が上がるのでしょう？」と思っている人が非常に多いのが実情です。プロにお願いしても、丸投げするだけでは駄目です。商品やサービスを提供するクライアント側も、しっかりと行うべきことに取り組まなければいけません。

そうしなければ、売上が上がらないだけでなく、企業全体に影響が出てしまいます。悪い口コミをネット上に書かれたら、企業イメージが失墜するでしょう。ＷＥＢマーケティングも企業施策のひとつであり、ＷＥＢだけをよくすればいいわけではありません。

すべてがつながっている、と考えましょう。

WEB広告と企業理念は連動しているか？

理念や共通認識を疎かにしてはいけない

「WEBマーケティングを成功させるために、重要なことは何か？」と聞かれたら、どう答えますか？

答えは、「会社の理念」や「共通認識」です。

「商品やサービスを提供するうえで、**従業員はどんな理念や想いを持って働いているのか」という会社全体の共通認識をしっかり設定することが、極めて重要**です。

なぜなら、企業理念が商品やサービスに反映されるからです。

理念や共通認識を疎かにすることは、WEBマーケティングの観点だけでなく、企業としても絶対にNGです。

実際に当社は、口うるさいと思われてしまうことも覚悟のうえで、企業としてのあり方を指摘することもあります。

なぜなら、クライアントの結果を出すことにこだわっているからです。

売上が上がらないことには、かならずどこかに原因がある

では、表面的なテクニックでビジネスを行っている、理念が脆弱な企業が広告をかけた場合は、どうなってしまうのでしょうか。

たとえば、ある家電メーカーがＣＭで

「うちの会社のテレビは映りがきれいだ」

と言っているのに、実際に量販店で見たらテレビ映りが悪かったとしたら、企業イメージは大きく低下します。

そうなると、売上が上がるはずもなく、広告の意味もまったくありません。

一般のお客様に

「言っていることとやっていることが違う」

と思われてしまえば、売れることはないでしょう。

つまり、「弊社の理念は、映りにこだわること」といった社員の意識の統制から整えておかなければ、売上が上がらず、広告が止まってしまいます。

せっかく多額の広告費をかけても広告が止まってしまっては、デメリットしかありません。

一方で、**理念をしっかり打ち出せている企業が広告をかけると、ぶれない方針のままに動くため、何もしなくても売上が上がります**。

本来の社員教育とは、そういうものではないでしょうか。

経営者の方々はわかると思うのですが、会社の方針や考え方は本当に重要です。

たとえば投資用不動産を売る会社で営業をしている若手社員が

「利益がまったく出ないから、こんな会社の物件を買っても意味はない」

と思ったら、売れるはずがありませんね。

せっかく広告費をかけて集客しても、そもそも営業マンに売る気がなければ、広告の意味がないでしょう。

売れる確率を上げるには、社員の意思を統一しなければなりません。

「集客したあとまで売れる体制」をつくらなければいけないのです。

当然のことですが、スタッフが嫌々働いているようでは、良質なサービスを提供できません。

当然のことですが、クライアントの売上が上がらないときには、かならずどこかに原因があるため、わたしたちはそのような部分をかなり深く見るようにしています。

会社に理念がなければ、ＷＥＢ広告もぶれる

エステサロンの売りである施術ひとつをとっても、お客様に施術する際の理念や想いがあるからこそ、サロンを運営しているはずです。

だからこそ、その会社に理念がなければ、ＷＥＢ広告も同様にぶれるのです。

わたしたちもコンサルタントの立場になったときは、どんな理念を持ってサロンが運営されているのかをかならずヒアリングします。

そして、ヒアリングした内容によって広告の打ち出し方も変えていきます。

理念や想いがわからないままでは、刺さる広告を打ち出すこともできません。

多くの企業が理念を掲げているはずですが、重視しているのは経営者や幹部だけ、ということも少なくありません。それでは、社内はバラバラになってしまいます。

いくら高級なブランド品を販売し、エレガントな雰囲気を出そうとしても、店舗のスタッフが無愛想では、買う気にはなりません。**企業理念は社内で徹底的に共有し、現場の人間がその概念に沿って動けるくらいにしておくべき**です。

WEBマーケティングも広告も、本来はそこまで考えたうえで行っていくものであると知っておきましょう。

費用対効果（CPO、ROAS）を注視する

CPOとROASはしっかりと把握しよう

経営においては費用対効果を意識することが不可欠であり、もちろんＷＥＢマーケティングの場合も例外ではありません。

とくにＷＥＢマーケティングは数字が明確なものであるため、投下した広告費に対してどれくらい回収できたのか、正確に把握することができます。

ところが、かけた広告費をどれだけ回収し、どれだけの売上につながったのか計測することを疎かにしている企業は多く見られます。

収入につながるルートは、広告、ＹｏｕＴｕｂｅチャンネルでの紹介、口コミ、ネット検索による自然流入などさまざまなものがありますが、じつは全体でしか見ておらず、広告経由で売れた数字を見ている企業はそれほど多くありません。

ただ、かけた広告費に対してどれほどの利益を回収できているかは、しっかりと見ておく必要があるのではないでしょうか。

その指標となるものに、CPO（Cost Per Order）やROAS（Return On Advertising Spend）といったものがあります。

CPOは、売上1件あたりにかかる広告費用をあらわす指標であり、ROASは「売上÷コスト×100」で計算する、広告費用の回収率をあらわす指標です。

たとえば、10万円の商品1件が売れたときの広告費が12万円だった場合、2万円の赤字が出るので成り立ちません。一方で、CPOを3万円にする目標を立てて実現すれば、単純計算で7万円の利益になります。

指標に照らして広告の費用対効果をしっかりと見ていくことが、非常に重要です。

売上全体ではなく、広告のCPOやROASを注視しよう

楽天やAmazonなどのECサイトで物を売っている会社は、このCPOやROAS

を見る習慣が普通に備わっている一方で、それ以外の業態の企業は費用対効果の検証ができていないことが多いのではないでしょうか。

とくに工務店などの昔ながらの会社は、広告をかけているものの、売上につながった経路を把握しようとせず、売上全体で見てしまいがちです。


売上全体で見ることのデメリットは、広告の改善につながらないことです。

たとえば、広告費全体が100万円で売上が1000万円なら、大丈夫だと思いますよね。

ところが、WEB広告だけを取り出すと、1件も売れていなかった可能性もあります。

売上につながっていないなら、WEB広告をやめるか何らかの改善策を投じる必要があるはずですが、そもそも事実がわからなければ判断のしようもなく、改善もなされないままにただ継続されていくことになります。

そうならないためにも、広告のCPOとROASはかならず注視しましょう。

LP(ランディングページ)の切り口で結果が大きく変わる

コピーライティングによって集客数が大きく変わる

ＷＥＢマーケティングに欠かせないもののひとつは、ＬＰ（ランディングページ）です。

ご自身でＬＰをつくったことがある人ならわかるはずですが、本当に難しく、つくり方によって結果が大きく異なります。

このＬＰのパフォーマンスを左右するのが、コピーライティングです。**同じ広告費を使っても、コピーライティングによって集客数が大きく変わる**ため、ここに力を注がなければいけません。

たとえば、投資用不動産を扱っている企業が集客のために不動産投資セミナーを開催するのはよくあるケースですが、同じ取り組みをしている企業は世の中にたくさんあり、競合だらけです。

ですから、

「不動産投資をしませんか」

といった極めてシンプルなＬＰでは、まず参加してもらえません。

普通の打ち出し方をしても、集客が非常に難しいのです。

コピーライティングで「少し」切り口を変えてみよう

そこで大切になるのが、コピーライティングです。

同じ不動産投資でも、たとえば当社の場合、「新規事業として、不動産を運営する取り組みをしませんか？」という切り口で、ＬＰをつくったことがあります。

具体的には、まず表題に
「新規事業の立ち上げを検討中の経営者様へ」
とターゲットを明記し、「営業しない不動産ビジネスで新規事業の立ち上げ　お手軽!!　住宅運営ビジネス実践ＷＥＢセミナー」といったタイトルにしました。

不動産投資物件を扱う会社は、一般的には主に中古物件を販売していますが、この会社は土地探しから始まり、その土地にフルオーダーメイドで収益物件を建築します。
ＬＰにただ「不動産投資」と出しても、目新しさがなくては人は集まりません。
そこで、土地を探して新たに建てる＝「新規事業」という見せ方にしたところ、ターゲットにしたい経営者の方々を大勢集めることに成功したのです。

キャッチーなLPで集客するには、コピーライティングで「少し」切り口を変えることが必要です。一方で、ＬＰの差別化を図りつつも、ターゲットからかけ離れたお客様が来ないためのコントロールも求められます。

切り口を変えつつ、クライアントが求める属性のお客様が訪れるようにするコピーライティングの手法があります。本書でも紹介していくので、とくに競合が多い業種では取り入れてみてはいかがでしょうか。

広告の「ゴール」に達する流れになっているか？

来てほしい人が集まり売上が上がることが、広告のゴール

ＷＥＢマーケティングもＷＥＢ広告も、「来てほしい人」が来てくれないと、わざわざ実施する意味がありません。

そのためには、想定するターゲットが商品やサービスを買ってくれるまでの流れになっている必要があります。

とくに広告を出すにあたっては、この「ゴール」を達成するためにどうするかを考えることが、何よりも大切なのです。

たとえば、すでにお伝えした「切り口をずらす」こともそのひとつですし、ターゲットと異なる層が集まる場合は、修正を加えることもゴールへ向かう動きです。

そもそも、集客ができないのは競合他社との戦いで劣勢になっていることが原因ですから、まずは差別化のために切り口をずらす必要があります。

同時に、企業にとってターゲットとするお客様が来る流れをつくらなければならず、この両方を達成するのはかなり難しいことです。

両方を達成するために押さえるべきポイントがあるので、ここでいくつかご紹介します。

ユーザーの気持ちに寄り添い、未来を描いてもらおう

多くのWEB広告にありがちなのですが、文言が独りよがりになっていないか、まず意識しましょう。

主は自分ではなく、ターゲットとなるお客様です。**ターゲット層を考えて、その人の気持ちになれているかどうかが、何よりも大切**なのです。

LPに「企業が発信したい」内容を書くのは昔の手法であり、現在では通用しません。「弊社が選ばれる理由」に「業界ナンバー1」などと書くのは、まさに昔の手法です。

のちほど詳しくお伝えしますが、買い手の人生を長期的に考えたメリットを打ち出すことも、非常に大切なポイントです。

たとえばLPのなかで、その商品を買ったことで得られる未来や、解決できる悩みをき

ちんと描くのです。

お客様の気持ちに寄り添うことに加え、さらにお客様の未来を考えることが、ゴールを達成するための基本です。

ところが、その基本的なことができていないケースが多いのです。

この基本を押さえたうえで、次章以降をお読みください。

第2章

売れる！WEBマーケティングの王道7ステップ

ステップ1　戦略立案

WEB集客する前段階のプロセスを蔑ろにしない

WEBマーケティングにはさまざまな工程があり、その一つひとつの工程にしっかりと取り組まなければ成り立ちません。

本章では、売れるための王道ステップとして、WEBマーケティングの各工程のポイントをお伝えします。まずは、戦略の立案からです。

WEB集客の大きな勘違いは、集客のことだけを考えてしまうことです。

実際、世の中の多くの広告会社も、集客にしかフォーカスしていません。

すでにお伝えした通り、**集客だけを行っても、その前後の流れができていなければ最終的に商品は売れなくなってしまいます**。

そうならないための大前提が、戦略の立案です。

わたしたちがWEBマーケティングのコンサルティングに入ったとき、まずは対象の商品やサービスがどのようなものなのかをヒアリングし、どんなビジネスモデルなのかを理解します。

さらに、どんな課題があるのか、ターゲットが誰なのか、その商品が目指すところは何なのか、といったところを深掘りするのです。

ヒアリングや深掘りを行うのは、それによって商品の売りや差別化ポイントを生み出すことができるからです。

また、ヒアリングすることによって、クライアント自身が気づいていない強みや差別化要素、特徴が出てくることもあります。

その特徴にプロの客観的な目線を加えることで、商品やサービスをよりよくすることもできます。

遠回りのように見えるかもしれませんが、深掘りして商品の売りや特徴を浮き彫りにすることが非常に重要です。

実際にＷＥＢ集客する前段階のプロセスを、蔑ろにしてはいけません。

WEBマーケティングの王道 7ステップ

- **戦略立案**
  - ヒアリング
  - ビジネス理解
  - 課題の洗い出し
  - ターゲット確認
- **商品設計**
  - ターゲットの再確認
  - コンセプト設計
  - 価格設定
  - 商品ラインナップの設計
  - 目標
- **集客**
  - LP制作・フォーム作成
  - 広告バナー制作
  - 広告運用
  - レポート
  - 集客改善
  - ABテスト
- **教育**
  - ステップ配信
  - リマインド
  - 架電
  - 教育動画制作
- **販売**
  - 販売導線構築
  - 販売資料作成
  - セミナー構築
  - クロージング
  - アップセル・クロスセル
- **モニタリング**
  - 集客の数値分析
  - 参加率
  - 購入率
  - 購入者属性
- **改善**
  - 集客改善
  - 教育改善
  - 販売改善
  - 商品改善

ステップ2　商品設計

「コンセプト」を明らかにしたうえで、商品を考える

ＷＥＢマーケティングの2番目のステップは、商品設計です。

商品設計を考える際の最大のポイントは、お客様の視点に立つことです。

お客様の行動や意識のリサーチ、行動や心理の整理をするには、お客様の視点に立たざるを得ません。

お客様の視点に立つことで、商品・サービスの見直しにつながり、さまざまな気づきを得られるでしょう。

また、ＷＥＢ広告を打つにあたっては、価格設定をどうするか、競合はどこか、リピートにつなげるにはどうするか、といったことを考えなければならないのですが、この工程がごっそり抜けてしまっている企業が多いのです。

わたしたちがコンサルティングに入る際、たとえば無形商品である講座な

ら、その講座を受けたらどうなるのか、何が手に入るのかがしっかりと設計されているか、どんなコンセプトなのか、ターゲットはどんな層で、どんな価格帯の商品ラインナップなのか、といったことを、まず詳細に確認します。

これらが明確になっていないと、お客様から魅力的な商品と思ってもらえないため、売りにくくなってしまうからです。

なお、わたしたちは多くのクライアントと関わってきましたが、顧客視点で考える際、外部の人間だからこそ気づけて、クライアント自身が認識できていない強みが見つかります。

いかに客観的な目線を持てるかが重要であり、場合によっては信頼できる外部の人に相談することも必要であると、弊社は考えています。

商品の質を上げて、魅力を100%伝えることが大切

そもそも商品自体が良質なものでなければ、どう知恵を絞っても売ることが難しいでしょ

う。当然のことですが、悪いものであれば、いくらWEBを駆使しても売れません。WEBでいいことを言って売れたとしても、蓋を開けたら「……」という商品だったら、売れ続けることはなく、悪評のもととなります。

集客のために広告で商品の魅力を伝えるのはとても大事なことであり、WEB集客はいかに100％まで魅力を引き出せるかがポイントになるのですが、実際には70～80％しか引き出せていないケースが多いのです。

ただ、100％を超えて120％にまで盛って伝えるのはよくありません。なぜなら、20％は嘘だからです。法律上、100のものを120～130％で伝えるのも危険です。

100のポテンシャルがある商品の魅力をどのようにして100％伝えるかが、重要なのです。

商品設計のポイントは観客の視点に立つこと

顧客の視点に立つことで

↓

顧客心理や意識、行動の整理ができる

魅力的な商品と思ってもらえる

WEBを駆使すれば売れる商品になる

商品設計の一例

いい「商材」も、打ち出し方を工夫しなければ集客できない

当社がWEBマーケティングのコンサル依頼を受ける際、広告を考える過程で「新しい商品」までつくるというケースが多くなってきています。

時代と合っていない、もしくはそもそも売るのが難しい商材の場合は厳しいのですが、ある程度のクオリティがある商材であれば、クライアントの広告担当として商品設計や広告設計まですすめます。

あるサロンの例です。そのサロンでは、皮膚を「吸う」ことで身体のコリや痛み、むくみを緩和する優れた機器を導入したのですが、集客が芳しくありませんでした。

原因は、どのような商品（パッケージ）をどんな打ち出し方で発信すべきかが見えていなかったことです。

その機器がどの身体の部位に対しても使えるがゆえに、特徴がぼやけてしまい、お客様に訴求できる機器の打ち出し方が定まっていなかったのです。

そこで当社は、ヘッドマッサージの提案を行いました。

なぜなら、当社はこれまでにマッサージなどのさまざまなリラクゼーション系の集客を実施しており、そのなかでもヘッドの集客がよかったという経験則（事実）があったからです。

大手のクーポンサイトでも、小顔施術とヘッドマッサージは大人気です。

こういった理由から、集客に有効なヘッドマッサージを打ち出すことにして、それに沿ったLPをつくりました。

そして、ヘッドマッサージを受けた人に、身体のほかの部分の悩みをヒアリングして、次回の来店につなげる商品設計も提案。

さらに、「吸う」に特化したサロンが少ないという目新しさとの掛け合わせで展開したところ、大当たりしたのです。

「何でもできる」よりも需要のあるコンテンツに絞ろう

リピートされることまで考えた顧客導線が定まらない状態でWEB集客しても、結局売上にはつながりません。

ところが、商品が定まっていないクライアントは少なくないのです。

マーケティングの基本的な考えに、「SWOT分析」というものがあります。

これは、**自社の内部環境と外部環境を、強み（Strength）、弱み（Weakness）、機会（Opportunity）、脅威（Threat）として洗い出し、分析する手法**であり、企業や事業の現状を把握するためのフレームワークです。マーケティングではかならず行う分析ですが、できていない企業が非常に多く見られます。

本項で紹介したサロンは当初、「痛み取りウェルネスサロン」「痩身」といった「何でもできる」打ち出し方をしていたのですが、それでは競合が多く、「売り」もよくわかりません。そこでわたしたちが入り、まずはヘッドマッサージに特化したメニューで顧客の獲得を始めたのです。

人気のコンテンツで入口を絞り、申し込みの獲得を目指した結果、サロンの特徴が明確になって集客できるようになりました。

「何でもできます」と広げるよりも、このようにコンセプトを定めてサービスを絞り、ターゲットも明確にすることで、差別化にもつながるのではないでしょうか。

そもそも痩身と痛みの除去は、不安の種類が違います。

また、痛みを取るだけなら整骨院のほうが保険が使えるため、安上がりです。

あえてヘッドマッサージを打ち出したのには、そんな背景もあったのです。

ですから、まずは一度需要のあるヘッドマッサージでお客様にビフォーアフターを体験してもらい、次に身体も触って痛みを感じていただいたうえで、身体を改善するコースまでおすすめするようにしました。

これは、商品自体を変えてうまくいった例のひとつです。

もし変えないままでいったら、集客できない状況が続いたでしょう。

集客自体は、ＬＰや申し込みフォーム、バナーをつくる広告によって行っています。今回のサロンの例のように、集客の前段階からしっかりと考えることが重要なのです。

WEB構築の前にプロセスを理論的に考える

結局のところ、広告会社が行うべきは「コンサルティング」です。

いくらＷＥＢ部分だけ構築しても、一時的に集客できても、継続して売上につながらなければ広告を続けられなくなりますし、広告会社もクレームを受けることになるので、双方にデメリットしかありません。

広告会社にありがちなのは、考えなしに「集客できます」と言って受注してしまうことです。

でも、それでうまくいかなければ広告会社の責任になります。

多くの広告会社は、いかに安く集客できるかということにフォーカスするため、このような事態に陥ってしまいます。

そうではなく、**本来広告会社は根本をどう正していくかをクライアントと話し、提案すべき**なのです。

クライアントが勘違いしていることのひとつに「広告費を上げれば集客できる」というものがあります。

そして広告会社も「広告費を上げましょう」という提案をする場合もあるようです。

ところが、大切なのはプロセスであり、これについては理論的に考えなければいけないところがあることを知っておきましょう。

ステップ3　集客

案件ごとに集客の媒体は変わる

ＷＥＢマーケティングの3番目の工程は、肝である「集客」です。

集客には、広告（ウェブ、新聞、チラシ、看板、書籍など）やＳＥＯ（Search Engine Optimization）、ＳＮＳ（Social Networking Service）、口コミ、ＰＲ企画などさまざまな種類があります。

それぞれの詳細は割愛しますが、商品やサービスによって相性がよい媒体、そうではない媒体があります。ですから、何を活用するか、じっくり選定していかなければいけません。

大前提として、案件ごとに集客の媒体が変わることを知っておきましょう。

ＬＰの目的と用途

ＷＥＢ集客に欠かせないのが、ＬＰ（ランディングページ）です。ＬＰとは、訪問者のアクションを誘導することに特化した、縦長レイアウトのＷＥＢページのことを言います。

ＷＥＢマーケティング全般に言えるのは、しっかりと目的を定めることですが、ほとんどのＬＰは「顧客獲得」が目的になってしまっています。ＬＰにほかのページへのリンクが極端に少ないのは、問い合わせやセミナーへの参加、商品の購入といったアクションを訪問者に起こさせることに特化しているからです。

ＬＰの用途には、広告やＳＮＳからの飛び先に使う、自社保有リスト（ハウスリスト）に流す、といったものもあります。

ＳＮＳを例にすると、最近はＹｏｕＴｕｂｅチャンネルを持っているクライアントが多く、日々動画をアップする際にＬＰに飛ばしたり、ＬＩＮＥの「友だちへ追加」に飛ばしたりしています。

そこで**大切なのは、どの媒体からLPに飛んで来るのかを前提にしてつくること**です。すでに自社の顧客になっている人、顧客になる前段階の見込み客のどちらを対象にするのか、LPをつくる際には明確にする必要があるのです。

顧客の誘導方法

集客において、顧客をどのように誘導するかによってLPのつくり方が変わることも、押さえておきましょう。誘導方法は、大きく次のA、B、Cに分かれます。

A．ノウハウを提供するLP（例：英語勉強法攻略セミナー）
B．商品・サービス購入の前段階への誘導LP（例：英語スクール入会説明会）
C．商品・サービスをその場で買ってもらうLP（例：英語スクール入会申込み）

違いがわかりやすいように、「英語スクールを運営している会社が広告主の場合」を題材に説明します。

Aは、LPに来た人に対して英語勉強法の攻略セミナーを案内するものです。「英語の勉強法が学べるんだな、こんなセミナーがあるんだな、参加しようかな」というパターンです。

この場合、まだその会社に興味を持っていない段階であり、「英語が苦手だから勉強したいな」と漠然と思っている人向けのLPを作成します。

Bは、たとえばスクールに入会してもらうための説明会として開くセミナーであり、「英語スクール入会説明会」などのタイトルで作成します。

Aはセミナーでノウハウを提供したあとに、英語スクールへの入会をオファーするものであるため、入会への意欲がまだない人を集客します。

一方、BのLPの場合、「英語を勉強したい」「どこの英語スクールに入ろうか」と迷っている人が対象です。

そしてCは、商品やサービスをその場で買ってもらうこと、英語スクールなら入会申込みをしてもらうことを主眼としたLPです。

3つの誘導方法をコントロールすることが、LP集客のポイント

このA～Cの区別はとても重要です。商品やサービス、クライアントの考え方によって打ち出し方を変えていく必要があります。

Aは「英語が上達するにはこんな方法があります」と価値提供する見せ方をするため、売り込み色が弱い分、集客はしやすいでしょう。

メールアドレスを登録した人に向けて、PDFをプレゼントすることで価値提供し、顧客リストを獲得するのがよくあるパターンです。

ただAの場合、セミナーに参加する段階で入会まで考えている人はほとんどいないため、価値提供をしたあとでスクールの入会に至る流れを構築する必要があります。

セミナーも、入会までの導線を意識したつくり方をしなければならないのです。

一方で、Bは、最初からある程度商品サービスを明かした状態で集客をしている分、入

会を迷っている人が来るため、Aよりも入会の確度が高い人が集まります。

セミナーの集客は、AかBのパターンが多いと言えます。


Cの場合はその場で買ってもらうため、有形商品（物販）のほうが多いでしょう。

エステサロンなどは、BかCのパターンのどちらかです。

すでにお伝えしたヘッドマッサージは、施術という商品にその場で申し込んでいただくものですから、Cのパターンに該当します。

ただ、来店後にリピートを促したり回数券を買ってもらったりする流れが必要となるため、BとCの中間とも考えられます。

この**A〜Cのコントロールが、LPによる集客のポイントになる**ことを知っておきましょう。

LP（ランディングページ）による集客方法

パターンA

ノウハウを提供して集客

パターンB

購入の前段階まで誘導

パターンC

その場で買ってもらうことを主眼

A～Cのどのパターンを使うのかを
コントロールすることが、
LPによる集客のポイント

LPを最大限使いこなすために

目的に合わせてLPをつくろう

LPの大切な要素に、「着地」があります。

一般的には、セミナーや個別面談、資料請求、動画やメール、ＬＩＮＥといったステップコンテンツ、来店予約、商品の購入、会員登録や入会が考えられます。

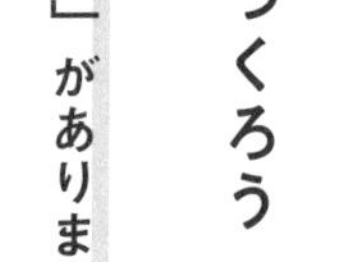

登録してもらったあとに動画やメール、ＬＩＮＥで「教育」を行い、そのうえでセミナーや個別面談に誘導するといった組み合わせのパターンもあります。

セミナーや個別相談などには有料と無料の場合があり、どちらかでなければいけないわけではありません。目的に合わせてＬＰをつくりましょう。

LPの着地先あれこれ

着地させるための方法も、「フォーム」による登録やLINE、電話をしてもらう、SNSでフォロワーになってもらうなど、さまざまなものがあります。

セミナーや資料請求、健康食品などの通販は、フォームが多くなっています。

葬儀屋やガラス修理、トイレの水漏れ修理などの緊急を要するものは、ほぼ100％が電話です。電話をかけてもらったほうが早いからです。

また、クリニックなど人によってニーズが異なるタイプのものも、電話を着地先にすることがあります。

高齢者向けの商品、不用品回収やエアコン掃除などの「ニーズが細かい商品」、ハウスクリーニングなどの「女性が主軸の商品」も、電話が用いられます。

LINEやメルマガなどのステップコンテンツは、コンテンツビジネスやスクールなどの「お客様を囲い込む」サービスに使われます。

囲い込んだうえでコンテンツやスクールの詳しい内容をステップメールなどで送り、事前に知っておいてほしいことを伝え「顧客教育」して個別面談に促す流れが多くなっています。そのほうが、提供側もお客様側も、ミスマッチがなく、いい形で契約成立しやすくなるからです。


LPからLINE公式アカウントへお客様を誘導するパターンが現在の主流ですが、LINEが合わない商品・サービスもあるので注意が必要です。

たとえば緊急性の高いサービスを利用したい人は、文字を嫌がります。また、あまりLINE登録をしたがらない経営者層を対象とした商品やサービスも、向いていません。

ほかには、不動産投資や金融系などの金額が大きいもの、商材がわかりやすいものも、ほとんどLINEは使われていません。

LPでとりやすい情報を見極め、最大限活用しよう

フォームを使ったLPで取得する情報は、名前、メールアドレス、電話番号、住所、勤め先、日程、属性（年齢、生年月日、性別…）など多岐にわたります。

ただ、たくさんの情報をとろうとしすぎて失敗しているケースがよく見受けられます。

とくに住所は、自分の住まいを知られることになるため、ハードルが高い情報です。必要がなければ、とらないでおくことをおすすめします。

すでにお伝えしたことと若干重複しますが、**顧客情報を取得したあとで販売につなげるための動きには、メッセージや動画によるステップ教育、セミナー、個別面談、電話営業などがあります**。

LPを通じて得た情報を、最大限活用しましょう。

商品やサービスの内容に合わせて広告媒体を選ぼう

広告媒体は、商品やサービスの内容、LPで取得する情報、ターゲットなどによって合う・合わないがあるため、適切に選定しましょう。

また、広告媒体によって審査の基準が異なります。この点にも注意が必要です。

なお、主なサービスと相性のよい媒体の関係は次の通りです。

・セミナー…Meta広告（Facebook・Instagramによる広告）各種SNS広告、Google広告（リード獲得広告含む）
・エステサロン来店予約…Meta広告
・不動産投資…Meta広告、各種SNS広告、Google広告
・葬儀、不用品回収…検索広告（Google、Yahoo!）
・人材ビジネス…ポータル（Indeed、Meta広告、各種SNS広告、Google広告）

一概には言えませんが、セミナーとエステサロン、不動産投資では、主にMeta広告が使われているようです。

儲かることを謳う商品・サービス、もしくはクリエイティブなことに関わるサービスは、Meta広告がおすすめかもしれません。

サービスを受ける前後のビフォーアフター（変化・結果）をはっきりさせた打ち出し方をするのは本来有利なのですが、**Meta広告にビフォーアフターを載せることはMeta社の規定で禁止されている**ので、十分注意しましょう。

昨今では、各SNSが広告への規制を強める方向に動いています。

その点LPは、現在のところそれほどの規制がなく、自分たち主導でできることが大きなメリットではないでしょうか。

ステップ4　顧客教育

集客した後、商品の購入につなげる「顧客教育」が欠かせない

4つ目のステップは、集客したあとの「顧客教育」です。

LPのところでお伝えしたA～Cのパターンそれぞれに、集客したあとの教育をしていくことがとても重要になってきます。

集客だけできていても、まだ商品購入に至っていない場合には、スムーズに買っていただける流れをつくるためにも、「教育」が必要になるのです。

また、Cパターン（商品・サービスをその場で買ってもらう形）の場合でも、購入者へアップセル（より高い上位の商品を提案し、買ってもらうこと）やクロスセル（顧客が買おうとしている商品と組み合わせて、別の商品の購入もうながすこと）を行うことがあるため、教育が大事な場合も少なくありません。

顧客教育の王道は、ステップメールです。

よくフォームでセミナーなどの参加登録をしたとき、「セミナーへのお申し込み、ありがとうございました」というメッセージが届いた経験はありませんか？

ステップメールではさらに、セミナーまでの間に予習のようなメッセージを送り、ときには事前動画を流すこともあります。

ほかには、セミナーの参加率を上げるために、当日までにリマインドのメールを何通か送ることもあります。

このように、Aパターン（ノウハウを提供する形）やBパターン（商品・サービス購入の前段階へ誘導する形）では集客したあとに商品の購入につなげる教育が欠かせません。セミナーなら参加率を上げる必要がありますし、エステサロンなら予約だけして当日来ないドタキャンを防がなければなりません。

エステサロンなどで初回確約コースを予約しながらドタキャンされれば、格安とはいえ収入を逃すことになってしまいます。

そのためにも、リマインドが欠かせないのです。

先ほども紹介したように、ドタキャンを防ぐために、電話をすることも有効です。

「お申し込み、ありがとうございました。少しだけいいですか？　現在のお身体の症状を教えてください」

と電話することによって、来店率が上がります。

できることは、たくさんあるはずです。

広告主と広告会社がお互いに協力しながら見込み客をフォローしよう

あまり声高に言っている広告会社は多くありませんが、**ひと手間を疎かにしていると、売れるまでの流れが弱くなってしまう**のです。

ところが、WEBで集客ができていながら、教育（顧客にきちんと問題を認識してもらうこと）が疎かになっているために販売がうまくいかない企業は少なくありません。

不動産投資などは、申し込み後のフォローがとくに必要です。セミナーへの申し込みがあったらすぐに電話などでコンタクトをとらなければ、せっかくの集客が無駄になってしまいます。

電話などによるフォローは、広告主が主導で行うところです。もちろん、教育するためのメールをセッティングする部分を広告会社が行うこともありますが、広告主が行うケースもあります。

広告主と広告会社がお互いに協力しながら進めなければ、結果がともなわないことを知っておきましょう。

見込み客の教育方法

1

ステップメールの送付

2

電話などによるコンタクト

3

ドタキャン防止のためのフォロー

↓

広告主と広告会社が協力し、
見込み客をフォローしよう

ステップ5　販売

販売の工程は難しく、クリアすべきことが多い

ＷＥＢマーケティングの５つ目のステップが、いよいよ「販売」です。

販売に至る道筋には、セミナー、個別面談、もしくは人を介在せずに顧客教育をして買ってもらうパターンがありますが、これらがうまく機能していない企業が少なくありません。

のちほど説明しますが、**セミナーを経て商品やサービスを買ってもらうには、先を見据えた組み立てが必要**です。この「販売」の工程が、それにあたります。

実際、売れるセミナーと売れないセミナーがあり、販売がうまくいっていない企業も多いため、わたしたちがセミナーのコンサルティングに入ることも多々あります。

たとえばエステサロンにしても、次回もお客様に来店してもらうためにしなければならないことがあるわけですが、ことごとくできていないのです。

販売は本来、クライアント企業が行うものです。

さらに、販売したあとのアフターフォローも大事なのですが、通販で対応が遅い、もしくは商品へのクレームに対する対応がうまくできないようでは、残念ながらリピートにつながりません。だからこそ、「販売」の工程は難しく、さまざまなことをクリアしなければいけないのです。

クロージング、サービス提供、アフターフォローが不可欠

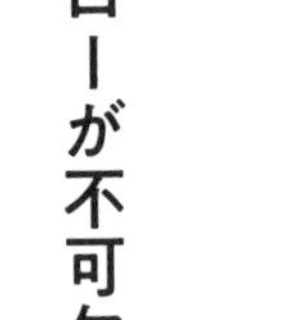

WEBマーケティングには、クロージング力や顧客サービスの充実まで必要です。これらが不十分な場合、どうなると思いますか?

口コミの評判が悪くなり、今後のWEB集客に大きな悪影響を与えてしまいかねません。誹謗中傷サイトに悪い評判が立つと、かなり深刻な事態を招きます。

ＷＥＢ集客の際に会社のことを詳しく調べる人もいるので、商品やサービス、会社の悪い口コミが蔓延すれば大きなダメージを受けることになるでしょう。

成約率をあげることももちろん重要ですが、良質な商品やサービスを提供すること、そして商品やサービスを提供したあとの丁寧なフォローも大切です。

すべてのことが、ＷＥＢマーケティングに関わってくるのです。

「販売」は
ココを押さえる

1
クロージング力のアップ

2
顧客サービスの充実

3
アフターフォロー

↓

すべてのことが、WEB マーケティングの
成否に関わっている！

ステップ6&7
モニタリングと改善

モニタリングで課題を発見し、改善につなげよう

ＷＥＢマーケティングは、「販売できればそれで終わり」ではありません。**「モニタリング」と「改善」も非常に重要**です。

「モニタリング」とは、プロモーションを実行した結果を数字で把握するものであり、「改善」はモニタリング結果に基づいてバナーやＬＰ、フォーム、商品をアップグレードしていくものです。

「集客」に始まり「販売」まで終えると、さまざまな数字が出てきます。

簡単なところでは「何人集客できたか」ですが、もっと詳細に見れば、表示された回数に対して何人がクリックしたか（クリック率）、何人がＬＰから申し込みをしたか（コンバージョン率＝ＣＶＲ）、セミナーに参加した人数は何％だったのか、といった分析が必要です。

セミナーに参加した人たちの成約率、広告費に対してどれだけの売上が得

られたか（ＲＯＡＳ）についても、注視したほうがいいでしょう。
数字だけではなく、実際に来た人たちが想定するターゲットと合っていたのかどうかも、見逃せません。ターゲットと異なる人が集まった場合、集客の練り直しが必要になるからです。

ＷＥＢマーケティングはモニタリングと改善の繰り返し

戦略立案から商品設計、集客、教育、販売までの一連の流れを通してみると、一回ではうまくいかないところも出てきます。そこで、**つまずいているのがどこなのかを一つひとつ検証するのが、「モニタリング」**なのです。

集客の段階でつまずいていることもありますし、顧客教育から販売に至る率が悪ければ教育が問題となるでしょう。教育まできちんとできているのになぜか売れないのなら、販売方法に課題があるのかもしれません。

ＷＥＢマーケティングの特徴は、数字がはっきりと出る分、課題を見つけやすいことです。出てきた数字を見て、悪いところを見直すのが、最後の工程である「改善」の動きです。

「モニタリング」して数字を計測し、改善するところまでが、ＷＥＢマーケティングの工程です。

商品を改善したり、集客を改善したり、教育を改善したり、セミナーを改善したり…。そして、再びモニタリングで得られたデータに基づき、さらなる改善をする。

ＷＥＢマーケティングは、この繰り返しが重要なのです。

〈押さえておきたい指標・数字〉

・クリック率…クリック数÷インプレッション数（表示された回数）×１００
・クリック単価…広告費÷広告の獲得クリック数
・ＣＶＲ…コンバージョン数÷訪問数×１００
・ＣＰＡ…広告費÷コンバージョン数
・開封率…開封数÷送信したメール件数×１００

・視聴率（動画広告）…動画の25％再生数、動画の50％再生数、動画の75％再生数、動画の100％再生数
・セミナーや個別面談の参加率
・成約率
・CPO…広告費÷注文数
・ROAS…広告からの売上÷広告費×100
・LP別・バナー別・属性別などの効果
・ターゲット属性
・リストの質
・アナリティクス
・ヒートマップ…WEBサイト内でユーザーがとった行動を色の濃淡で表現したもの

第3章

WEBマーケティングで成功するポイント

「信頼性」を得なければ先はない

メディア掲載実績は、「連動」があってはじめて信頼につながる

よくLPで、

「メディアに掲載されました」

「メディアに紹介されました」

と、ときにはお金を払ってメディアに出たことを謳う企業もあるのですが、それだけでは不十分です。


なぜなら、「連動」について触れられていないからです。


たとえば、スクールの売りが「手厚いフォロー」だとしたら、

「手厚いフォローが注目されて、○○に掲載されました」

と書くべきです。これが連動であり、ただメディア掲載実績を載せるだけでは、ユーザーへの訴求力がありません。

「〇〇ランキング1位」
「〇〇のテレビ番組で紹介されました」
とLPに載せるのも、同じことです。

信頼を得るには、ただ載せるだけでなく、サービスとの脈絡が合う形で記載するべきなのですが、せっかくのメディア実績を活かしきれていない企業が、とても多く見られます。

大切なのは、なぜテレビ番組で、ラジオで紹介されたのか、メディアに掲載されたかなのですが、その「大切な部分」に意外と触れていないのです。

「こんなところが優れているから」
「こんなところが他社と比べて群を抜いているから載りました」
と書かれているならわかります。でも、ただ「載りました」だけでは、ユーザーには届きません。

信頼性を得るには、このような「連動」をLPに載せましょう。

売りやすさを意識した、一貫性のあるＬＰにしよう

「連動」を書くメリットは、営業しやすくなることです。
ユーザーの心に刺さるには、サービスに一貫性があることがとても重要であり、この点が訴求ポイントになるわけです。

とくに無形商品のお客様は、ただ「メディアに紹介されました」ということよりも、

「手取り足取り教えます」

「きちんとフォローします。その姿勢がメディアに認められました」

とＬＰにしっかりと載せたほうが、話をしやすくなり、売りやすくもなります。


結局のところ、売りやすさも考えた一貫性のあるＬＰにする必要があるのです。

もちろん、法律上書いてはいけないケースもあり、一概には言えないのですが、載せていいのなら「連動」を意識した打ち出し方にするべきです。

無形商品は「疑い」を払拭しなければならない

オンラインが主流のなか、無形商品は信頼を得るのが大変

集客セミナーやパソコンスクール、料理教室、英語教室などの無形のコンテンツは、広告からLP経由で個人情報を入手し、オンラインで開催することが多くなっています。

オンラインでのやり取りは、今後も減ることはないでしょう。

そもそも無形のサービスは、何らかのコンサルティングを行い、その対価としてお金をもらうのが基本の形です。

ただし、ここにはとても重要なことがあります。

それは、**見込み客は「疑っている」**ということです。

たとえば、BtoCでコンサルティングを行うビジネスのなかには、「これをすることでお金が儲かります、豊かになります」といったものもあります。

不動産投資やFXのセミナーなどが、典型的な例です。

セミナーやスクールを運営している主催者は、収入を得ることだけでなく、なぜそのサービスを提供しているのか、なぜサービスを利用するのかを、お客様に理解してもらうことが、非常に重要なのです。

儲かることを謳ったコンテンツほど、参加者は「疑い」から入る

儲かるコンテンツに集まる人たちは、最初は「疑い」から入ります。なぜなら、無形のサービスには「コンサルをします、儲かります」を謳い文句にするものが多いからです。

そもそも不動産投資やFXは、「投資回収ができる」と謳ったほうが売れる傾向にあります。広告規定に基づいてそのことを謳っていてもうまくいかないのは、「なぜそのコンテンツを提供しているか」といった会社やサービスの存在意義をしっかりと理解させていないからです。

「この人、何か怪しいな」と思われた状態でセミナーを始めても、成果にはつながりませ

ん。

無形サービスの場合、最初に聞く態勢をつくってもらうためにも、「なぜやるのか」という意義を説明することが欠かせないのです。

教育されているユーザーかどうかでセミナーの中身を変える

ひとつ、大切なことをお伝えします。

たとえばＹｏｕＴｕｂｅやそのほかのＳＮＳから集客した場合と、広告から集客した場合とでは、お客様のタイプがまったく違うということです。

ＹｏｕＴｕｂｅなどのＳＮＳから申し込んできた人たちは、ある程度自社の商品やサービスを知っているので、セミナーで話しやすく、コンテンツも売れやすいでしょう。

ところが、広告から申し込んできた人たちは、その人のことを知らないために、同じセミナーを開いても反応が大きく異なります。まったく信頼関係のない状態であるため、セミナーの組み方から変えなければいけません。

わたしたちは、広告から申し込む人たちの難しさを説明し、広告からのお客様向けセミナーを一緒に構築することもあります。

多くの企業は、もちろん売りたいから広告を出すのですが、広告を出せばすぐに売れると勘違いしがちです。「顧客教育されている人たち」と「広告から来る人たち」とは、まったくタイプが違うことを理解しましょう。

教育されていない人は、そのコンテンツで得られるメリットを把握しないまま参加している人がほとんどです。

つまり、ただ「英語ができるようになる」「これを行えばお金が儲かる」といった軽い気持ちで訪れるだけなので、まずは「信頼性」を語り、コンテンツのファンになってもらうことが欠かせないのです。

創業者や講師の「想い」を伝える

「想い」はＬＰよりも、セミナーでしっかりと話す

「信頼性を得るための話は、ＬＰの段階で書いておくのか、実際のセミナーで話すのか？」

という質問を受けることがあります。

もちろんＬＰで書いてもいいのですが、セミナーなどで話したほうがいいでしょう。

とくに**「創業者の想い」は、セミナーなどの場でしっかりと話すことが重要**です。なぜなら、集まった人たちに合わせた言い回しで話したほうがいいからです。

創業者や講師がどのようなイメージを打ち出しているかにもよりますが、たとえば

「昔はうまくいかなかった。でも、こうしたらうまくいった。だから、あな

たを救いたい」

といった話をして、

「こんな人でも昔はこうだったんだ、そんな想いで取り組んでいるんだ」

と思ってもらう形に持っていかなければ、なかなか「疑い」を払拭できません。

とくに**ノウハウを扱う無形商品は、そのサービスを行っている意義やどんな想いで取り組んでいるかを伝えることが重要**です。

どんな業種でも、どんな商品やサービスでも、競合他社がたくさんいます。

そして、素人目には似たり寄ったりに思えるでしょう。

では、どこで差別化するか、どんなポイントで消費者に選んでもらうのか。

答えは、想いやそのサービスを立ち上げた経緯、コンセプトなのです。

売れるセミナーの流れ

信頼を得て、なぜそのコンテンツなのかを説明する

無形商品を扱うセミナーの基本的な流れは、次の通りです。

1 信頼を得る
↓
2 なぜそのコンテンツなのか？
↓
3 盛り上がり（「ここならできる」と思ってもらう）
↓
4 ロードマップ（そのサービス・商品で得られる未来や体験を伝え、目標達成までの道筋を見せる）

セミナーを中心とする無形商品を扱うビジネスは、オンラインで営業をす

ることが主流になっています。

この場合、まずは参加者の信頼を得なければ始まりません。

安心感を与えることが、何よりも大切です。


次に、なぜそのコンテンツを選ぶ必要があるのか、考え方を説明します。

ここでは、

「弊社ではこんな考えをしていて、こんなふうに取り組んだほうがいい」

と概要を話し、取り組む理由をしっかりと話しましょう。

「盛り上がり」をつくり、期待感を高める

その次が、「盛り上がり」です。
ここでは事例が中心で、たとえば
「この人は弊社が提供するこんなプロセスを踏んで、目標を達成できました」
といったことを話すのがいいでしょう。

このとき大切なのは、ノウハウを教えすぎないことです。なぜなら、セミナー参加者は皆、お金をかけずにノウハウを得たいと思っていますが、無形のコンテンツを提供している企業は文字通り「ノウハウ」で生きているため、真似されては強みを失ってしまうからです。

「盛り上がり」のゴールは、最終的には「ここでならできる」と思ってもらうことです。

たとえば英会話なら、

「ここはカリキュラムがしっかりとしているな」
「生徒はこんなふうに英会話をマスターしたんだな」
「ここに通うと、うまくできるようになるんだな」

と思ってもらうのです。

ロードマップをうまく示し、高額商品への抵抗感を減らす

ロードマップは、セミナー参加者の「ゴール」に至る道筋を示すフェーズです。

講座は50万円のもの、100万円のもの、150万円のものなどさまざまですが、総じて高額なものが多く、いきなり金額を提示してしまうと「高い」「やりたくない」と思わ

れて、拒絶されてしまいます。
これが、セミナー集客におけるよくある失敗例と言えるでしょう。

そこで大切なのは、たとえば6ヵ月間かけて習得するサービスなら、

・1〜3ヵ月目には何を行い
・4ヵ月目からは収益が立ち始めて
・6ヵ月の受講が終わった頃にはこうなっている

といった**「未来」を思い描ける話をすること**です。

たとえば、物販の起業スクールなら、次のような説明が有効です。
「1〜3ヵ月は座学が中心で、はじめは大変ですが、サポートがあるので大丈夫です。4ヵ月目には基礎が身について、月10万円の利益が残るようになるでしょう。そうなると、生活に安心感が生まれ、ご家族で少し豪華な料理を食べに行けるようになります。

5ヵ月目は20〜30万円の利益が出て、『どうすればもっと成長できるか？』を考える時期です。先輩もたくさんいるので、話を聞けますよ。

講座が終わる6ヵ月後には、独立を考える人も出てきます。独立しなくても、給与以外の収入があることで、人生への安心感や自信も生まれているでしょう。投資回収もできているはずです」

このような話をすれば、お客様は手に入れられる未来のイメージを思い描くことができ、高額商品への抵抗感も減るのではないでしょうか。

その際、たとえば80万円の講座なら

「本来は100万円の商品です」

と前置きし、

「こんなふうに行動すれば、素敵な将来が待っています」

という道筋を見せたうえで、

「このサービスを、80万円で提供します」

という流れで解説すれば、80万円が高く感じられなくなります。

「売れる」セミナーのポイント

1

信頼を得る

「なぜそのコンテンツなのか」を伝える

2

「盛り上がり」をつくる

「ここなら、目的が達成できる」と思ってもらう

3

ロードマップ（ゴールへの道筋）を示す

「未来」を思い描いてもらい、
高額商品への抵抗感を減らす

LPには基本的に「金額」を出さない

金額提示は、セミナーなどで価値を知ってもらったあとがいい

時々いただく質問に、どこまでLPにメイン商品（最終的に販売したい商品）の金額を表示するか、というものがありますが、答えを言うと、あまり金額を載せないほうがいいでしょう。

100万円を超える本命商品をLPに載せている人もゼロではありません。ところが、それではセミナーへ参加する人が減ってしまいます。なぜなら、やはり金額で見られるからです。

本来はそれだけの価値がある商品なのかもしれませんが、LPでは情報量が足りないため、その価値が伝わりきらないのではないでしょうか。

金額を載せることで説明会等に申し込む人が絞られてしまうと、LPの段

階で離脱が増えます。そうなると、話を聞いて理解したうえで購入したい人がぐっと減ってしまうので、**大きな金額をＬＰに明示するのではなく、一度話を聞きに来てもらったうえで価値と金額を伝えるほうがおすすめ**です。

ＬＰで高い金額提示を行うと人が集まりにくい

なかには、１００万円単位の本命商品をホームページに載せつつ、月１回５０００円ほどの勉強会を実施している人もいます。

月１回の勉強会に出ながらお金を貯めてもらい、本講座に出られるだけの金額に達したら参加してもらう、という見立てがあるのかもしれません。

ただ、これはあくまでも例外です。

とくに最近は、よほど有名で人気の講師や主催者でなければ、お客様は先に大きな金額を出そうとしないので、高額な金額をＬＰに載せても効果は少ないはずです。

本気度の高いアッパークラスの人が申し込む可能性もありますが、そもそもの人数が集まりにくいのです。

なお、よくＬＰで

「『この定価に対して、いまは期間限定特別価格でこの金額』と出してはどうか」

という質問を受けますが、景品表示法でＮＧの可能性もあるため、注意しましょう。

成約率は20%以上を目指しつつ、あらかじめ理想値まで計算しておく

基本を押さえたうえで、しっかり計算しておこう

ＬＰから無料、もしくは安価な体験会や説明会へ参加した人たちのメイン商品の成約率は、どれだけあればいいのでしょうか。

商品価格やセミナーへの申し込み単価（ＣＰＡ）にもよるので、一概に何%以上でなければならないとは言いきれません。

ただ、**トータルの広告費がいくらで、参加者が何人集まり、どれだけの率で成約すればいいかということは、あらかじめ計算しておきましょう**。

セミナーの場合、ひとりの申し込みにかかるコストは、おおよそ1～2万円が目安です。ただ、申し込んだ人全員が当日参加するわけではなく、ドタキャンする人もいるため、参加率は平均40～50%ほどになります。

つまり、セミナーに着席してくれるまでにかかるひとりあたりのコストは、参加率が50%なら倍の３万円、40%なら３万７５００円です。

仮に67人の申し込みがあり、うち50％の33人がセミナーに参加し、そこで30％の成約率（10人成約）なら、商材単価50万円の場合、売上は500万円になります。

そうすると、100万円の広告費をかけて500万円の売上が上がったことになるため、広告費の回収率は500％です（116ページの図のGood Case）。

一方で6％の成約率しかない場合（2人の成約）、売上は100万円であり、広告費の回収率は100％に過ぎず（116ページの図のBad Case）、これでは採算がとれているとは言えません。

このような計算をしっかりと行ったうえで、採算が合うか判断するようにしましょう。

もし採算が合わないなら、たとえば

・商品の単価を上げる
・もっと集客を強化する
・LPのターゲットをもう少し幅広くとる
・成約率を上げる

▼セミナー集客広告シミュレーション

Good Case

	広告費（月）	¥1,000,000
セミナー申込数	申込数	67
	申込CPA	¥15,000
セミナー参加	参加数	33
	参加率	50%
	参加CPA	¥30,000
成約	成約数	10.00
	成約率	30%
	売上	¥5,000,000
	成約単価（CPO）	¥100,000
広告の費用対効果（ROAS）		500%

※商材価格
¥500,000

Bad Case

	広告費（月）	¥1,000,000
セミナー申込数	申込数	67
	申込CPA	¥15,000
セミナー参加	参加数	33
	参加率	50%
	参加CPA	¥30,000
成約	成約数	2
	成約率	6%
	売上	¥1,000,000
	成約単価（CPO）	¥500,000
広告の費用対効果（ROAS）		100%

※商材価格
¥500,000

といったことが必要になってくるでしょう。

いろいろ試行錯誤しながら、改善していくイメージを持つべきです。

ある無形商品のコンサルタントの例

ビジネス初期の頃からWEB広告に150万円ほど投下した、あるSNS集客のコンサルタントがいます。

この方の場合、ROAS（「売上÷コスト×100」で計算する、広告費用の回収率をあらわす指標）300％を達成する目標を掲げていました。

つまり、150万円の投資に対して450万円の売上を目指したのです。

この売上の達成には、成約率20％、広告のCPA（広告費÷コンバージョン数）が1万5000円で考えればいけるだろう、ということでスタートしました。

実際に広告を開始したところ、最初の2ヵ月はまったく売れなかったのですが、3ヵ月目以降から売れ始め、いいときは９００万円の売上まで達したのです。

はじめてＷＥＢ広告に取り組む場合は、どのように動けばいいのかがわからないものですから、数字の目安があるとイメージしやすいのではないでしょうか。

どうしても月によって波はあるため、参加した人の質によって、成約率も変わってきます。

競合他社がどれくらい広告を打っているかも、影響します。

時期的に広告市場の相場が高いとき、低いときもあり、さまざまな外的要因で波が出ることは避けられないため、状況を見ながら軌道修正していくのが、ＷＥＢマーケティングを行ううえでの通常の流れです。

本人の努力と素直さが成功の鍵

このコンサルタントの場合、コロナなどの影響もあって厳しいなかでのスタートでした。
心理的にも切羽詰まった状況であることがわかり、またセミナー告知にＷＥＢ広告を使うのがはじめてでイメージがわいていなかったため、最初のまったく売れなかった２ヵ月

間は、

「こういうものですよ」

「これくらいの時期まで待っても大丈夫ですよ」

と声かけしながら、伴走させていただきました。

ご本人の努力もあって想像を超える結果になったのは、とても喜ばしいことです。


この方からは、すでにＳＮＳで知られる存在になった状態で広告のご依頼をいただきましたが、すでにお伝えした通り、ある程度の情報を仕入れてＳＮＳから申し込んできた「既存客」ではなく、広告経由で来た見込み客とでは、契約までの勝手がまったく異なります。

こちらの説明を素直に取り入れ、広告用のセミナーを一緒に構築できたことも、結果につながった要因と言えます。

広告から来た人向けのセミナーの組み方とは

説明会・セミナーの内容がまとまっていない企業は多い

本書はＷＥＢ集客の本ですが、広告の目的である成約へ至るには、とくに無形のコンテンツの場合、説明会やセミナー内容のブラッシュアップが欠かせません。

これからＷＥＢ広告を取り入れたい企業や、思うような成果が出ていない企業には、広告から来る見込み客向けのセミナーを行う際に意識しなければならないポイントがいくつかあるので、お話しします。

とくに結果が出ず、広告をやめようかと考えている企業は、ぜひ参考にしてください。

広告から来る人たちに向けたセミナーは、いきなり高額な本命商品を紹介するのではなく、いわゆる「フロントセミナー」を開催するのが通常の流れ

です。

ところが、このセミナーの内容がまとまっていないケースが多く見られます。

よくある勘違いは、ただノウハウを見せれば本命商品に興味を持つだろう、と考えてしまうことです。

でも、大切なのはテクニックではなく、適切な見せ方や話し方といった部分です。

セミナーで意識すべきこと

すでに広告主のファンであったり教育されていたりすれば、その人の人柄やスタンスをある程度わかっているはずですから、言葉が入りやすいでしょう。
ただ、何度もお伝えしている通り、**広告から来た人たち向けのセミナーの場合、実績や想いを語って信頼性を高めなければいけません**。
そして、
「この人にお願いすれば、こんなふうに結果が出そうだ」

といった先のイメージを見せる必要があります。


意外と見過ごされがちなのが、セミナーの司会です。

司会がしっかりと仕切らなければ、集まった人たちの聞く姿勢を整えることができません。

司会は非常に大切な役割ですから、生半可な人に任せるのではなく、しっかりと仕切れる人が行うようにしましょう。


オンラインのセミナーで「顔出しなし」をOKとするかは、よく質問されることです。

基本的に、「顔出しなし」はNGにしてください。

なぜなら、顔出ししない人は本気で聞く気がなく、商品も購入しないからです。

お客様に「先を見せる」ことの具体例

「ベネフィット」をひたすら伝える

販売には、見込み客に「先を見せる」ことが欠かせません。

「先を見せる」とは、経営者の方々が従業員に未来を見せるのと同様に、その商品によって悩みが解決したり、スキルが身についたりすることで得られる未来を見せること、そして他社の商材と何が違うのかを見せることです。

箇条書きで「弊社はあなたの希望を叶えます」といった主旨のLPを見かけることもありますが、載せるならその背景まできちんと説明しなければいけません。

この商材を買ってこんなふうにがんばればうまくいく、と思わせることができれば、怪しさは払拭されるはずです。

言い換えれば、「ベネフィット」の部分をひたすら伝えるのです。

ところが、ベネフィットを伝えている「つもり」だけになってしまっているケースが多く見られます。つまり、ストーリーが見えない話が多いのです。

「弊社のメソッドを使えば、このように利益を出せます」と言うばかりでストーリーがないため、聞いている側が根拠を感じられません。

成功するイメージをストーリーで見せる

たとえば、売上が伸び悩んでいるサロンオーナー向けのSNS集客術セミナーの場合。

まず「初月～2ヵ月目はSNSのアカウントをつくって、こんな発信をしていきましょう。そして○○件の問い合わせを目標にしましょう」といった提案をするのです。

そして「これを達成したことで集客の土台に乗ったら、3ヵ月目からはSNS集客で来店した人たちにこんな売り方をしましょう。そうすれば月に20万円ほどの売上があがるでしょう」と話します。

そして、「4ヵ月目以降は…」というふうに、段階を追って一つひとつ説明するのです。

そうすることで、解説を聞いたサロンオーナーさんは

「うちのサロンも売上アップができそうだな」

といったイメージができるはずです。

メリットと理由に一貫性があり、辻褄が合っていれば、参加者に未来をイメージさせることができるのですが、辻褄が合っておらず、ストーリーになっていなければ、販売には至りにくいでしょう。ただ「できます」と言うだけでは、聞いている側が「なぜ？」と思うだけです。

そうではなく、たとえば「弊社にはこんな技術があるので、それを取り入れれば○ヵ月後には皆さんが売上を伸ばせています」というように、自分たちのコンテンツを活用するとこんなふうに変わっていく、という理由があって、はじめてストーリーになるのです。

メリットばかりを言い続けるのではなく、いつも「なぜ」を考えてLPやセミナーへ盛り込む必要があることを、知っておきましょう。

誘致するなら、セミナーか？個別面談か？動画などの教育か？

セミナーが基本だが、1対1が得意なら個別面談もあり

広告からの誘導はセミナーに限りません。個別面談に誘導するパターンもあれば、リストを取得して動画などで教育するパターンもあります。もしくは、教育とセミナー誘致、教育と個別面談を組み合わせるパターン、セミナーから個別面談へ誘致するパターン、教育・セミナー・個別面談のすべてを組み合わせるパターンもあり、同じ広告主でもケースバイケースで変えることも少なくありません。

誘致の仕方や組み合わせを考える際、それぞれのメリットを知っておく必要があるでしょう。

セミナーを開催せず、直接個別面談へ誘導するメリットは、1対1で話せる分、成約率が上がることです。

ただ、一人ひとりに対応しなければならないため、時間を確保しなければ

ならない点が、デメリットと言えます。

その点、セミナーなら大勢に向けて一斉に話せるため、効率的です。

セミナーで話したうえで個別面談に持っていくほうが、スムーズではないでしょうか。

個別面談の前にセミナーで話すのが一般的ですが、なかには大勢の前で話すのが苦手で、個別面談のほうが得意な人もいるため、人による部分もあるでしょう。

セミナーが上手な人は、セミナーを経て個別面談へ誘導しましょう。

動画を活用する方法

いきなりセミナーや個別面談へ誘致するのではなく、**まずはメールアドレスやLINE登録をしてもらい、ノウハウを提供する動画を送るのも、もちろん効果的**です。

たとえば「ＹｏｕＴｕｂｅを活用してあなたの会社のビジネスを大きくする方法を、動画で教えます」という動画を見てもらい、「御社の動画戦略を個別面談で具体的にお伝えしますので、もしよろしければ個別面談にお申し込みください」と言って、個別面談に誘導するのです。

この方法なら、ある程度内容を理解してもらった状態で個別面談に臨むことができるため、営業もしやすくなるでしょう。

もちろんケースバイケースですが、動画で教育する場合にかならず入れたほうがいい内容があります。

まずは、セミナーと同じで「想い」を伝えることです。

ほかには、動画の使い方に関する講座であれば、「いま動画を使うべき理由」、つまりなぜいま動画で発信しなければいけないのかを、市場性や今後の展望も交えて伝え、「集客には絶対に動画は必要です」と訴える内容にしましょう。

次に、どんなテーマなら訴求力があるか、「まずは市場調査をして、世間が求めているテーマを決めましょう」と具体的な動きを伝えるべきです。

段階を追ってノウハウを伝え、最終的に「詳しい話はセミナー（個別面談）でするので、参加してください」と持っていくのがおすすめです。

SNS集客とWEB広告による集客を併用する

SNS集客だけに依存するのは危険

クライアントのなかには、すでにSNSから大勢の人をセミナーへ集客していて、広告を併用する形をとっている人もいます。

広告を併用する理由は、SNSからの集客が鈍化してきたため、もしくは鈍化に備えて対策を打っておくためです。

早めに手を打つのは、正しい判断と言えます。

YouTubeなどのSNSは、アルゴリズムがある日突然変わって集客が難しくなることが少なくないため、**プラットフォームに全面的に依存することはあまりおすすめしません**。

もちろん広告もプラットフォームですが、ある程度勝ちパターンを見つければ、ずっと使うことができます。

LPを修正してCPAを下げて、成約率も20〜30％出せるように鍛え上げていくのは大変かもしれませんが、定まってきたら広告費を増やすことで数字を上げることができるのです。

費用に比例して成果が出る広告とSNSを両方回そう

SNSで広告と同じようなことをするのは、難しいでしょう。

なぜなら、たとえばYouTubeのチャンネル登録者数を、突然50万人から100万人にすることはできないからです。

一方で広告は、広告費を50万円から100万円にすれば、集客が2倍になります。

自分主導でコントロールができるところが、広告のメリットです。

もちろん、SNSからの集客もWEBマーケティングのひとつです。

たとえばYouTubeの場合、YouTubeで丁寧に発信した動画から問い合わせてくる人は質が高いため、とても有効な施策と言えるでしょう。

どのようなツールを使うにしても、定期的にSNSを更新し続けることは非常に大事なことです。

SNS集客とWEB広告の違いとは

SNS集客

全面的に
プラットフォームへ依存
↓
来る人の質は高い
アルゴリズムの変更で
突然
集客できなくなるリスク

WEB広告

勝ちパターンを
見つければ、
ずっと使える

↓

WEB広告とSNSの併用が望ましい！

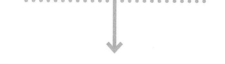

無形コンテンツビジネスの広告の回し方

WEB広告は最低でも1ヵ月は続けよう

うまくいった事例は、集客から成約まですべての流れが整っています。

あるクライアントは、試行錯誤を繰り返しながら質を高め、成果を上げることができました。

最初は対象を広くとっている分、属性の合わない人も来るので、途中で変更して対象を狭めるなどして、必要に応じてアレンジを継続するのが基本です。

ちなみに、広告をかける期間は予算にもよりますが、最低でも1ヵ月間続けることをおすすめしています。

なぜなら、最終段階の「成約率」を検証するには、ある程度の広告費をかけなければ難しいからです。

たとえば30万円の広告費をかけて、ひとりあたり1万5０００円のコストで申し込みが入るとしたら、30万円÷1万5０００円で20人がセミナーに申し込む計算となります。

参加率は50％ほどなので、実際に着席するのは10人です。

そして2人が買ってくれたら、成約率は20％ですね。

ここまできて、その広告の成果がわかるのです。

ただし、成約率はもう少し検証しておくべきです。

なぜなら、次のセミナーでは10％、もしくは0％かもしれないからです。

毎月検証しながら、ブラッシュアップするのがおすすめ

数を重ねれば重ねるほど数字の精度が上がるため、**最低でも1ヵ月間、30万円の広告費で検証しましょう**。そうすれば、売上までの数字がなんとなくわかってきます。

さらに継続して広告で成果を上げたい場合は、もちろん3ヵ月や半年続けたほうがいいのですが、1ヵ月ごとに見ていくのもおすすめです。

たとえば1ヵ月間取り組んで得た結果を検証し、改善点を探して2ヵ月目に臨み、その結果を見ながら3ヵ月目以降をどうするか決めるというように、1ヵ月ごとに調整しながら進めることが主流です。

最初から「6ヵ月」と決めると先が長いため、1ヵ月ごとに見ていくほうがいいのかもしれません。

月々ブラッシュアップしていくことで、成約率が上がる確率は高くなるでしょう。

テストマーケティングの期間や費用は業種によって異なる

どれほどの期間広告を継続するべきか、業種によって変わることもあります。

たとえば不動産投資の業界では、ひとりの人がセミナーに申し込むまでにかかるコストが5万円ほどと、高額です。

つまり、同じ30万円をかけても30万円÷5万円で、6人しか参加の申し込みがない計算になり、参加率が50%なら3人しか参加しないことになります。

３人しか参加しないなかでわかることは、ほとんどありません。

ですから、不動産投資の業界は、１００万円ほど広告費をかけなければ、実情がわからないものなのです。

テストマーケティング期間や広告費は、業界によってまちまちであることを知っておきましょう。

無形コンテンツビジネスの広告のポイント

1

最低でも月 30 万円で検証する

2

1 ヵ月ごとに結果を検証していく

↓

属性の合う人が来るように
適宜アレンジを加え、
ブラッシュアップしよう！

エステサロン、フランチャイズチェーンの広告の回し方

店舗系ビジネスでは初回メニューの値段を何度もテストする

当社のクライアントに多い業種として、エステサロンがあります。

エステ業界の場合、ＬＰを使って最初は数百円もしくは数千円で来店予約をさせるのが主流です。

このとき大切なのは初回の値段設定で、何度もテストする必要があります。

あるサロンでは、初回４５００円、初回３８００円などの設定で何回かテストを行いましたが、初回５００円では安すぎて、申し込みはとれるものの、来店率もお客様の質もよくありませんでした。

気軽な料金だった分、軽い気持ちで来るお客様が多く、リピートにつながりにくかったのです。

結局、９９００円に落ち着いたのですが、来店率や継続率などすべてを加

味したうえで翌月からの方針を決めるのが、うまくいくパターンです。

店舗集客系のほかのビジネスも、最初は50万円ほどの予算で始めて、来店率やCPA（広告費÷コンバージョン数）、申し込み・来店予約にかかったコストと実際の来店率、リピート率などの兼ね合いをすべて見たうえで、方針を決めます。美容クリニックの場合も同様です。

フランチャイズビジネスでは、初期コストによって広告費が異なる

当社は、フランチャイズのオーナー募集の集客を依頼されることも少なくありません。最近取り組んだのは、賃貸の住人が引っ越したあとの原状回復で、汚れた壁紙をきれいにするために直接ペンキを塗るだけで、貼り替えたかのように美しくできるサービスを展開しているフランチャイズチェーンです。

その壁紙を再生する事業を始めませんか？　というフランチャイズ加盟の募集用LPをサポートすることになりました。

フランチャイズ加盟の募集の際は、基本である50万円で始めるのがいいでしょう。

資料請求してきた人のリストを獲得し、請求した相手に電話をかけるときにしっかりと話し、フランチャイズのオーナーと面談することで、加盟に至ります。

この加盟に至るまで、どれほどの数字になったのかを見て、今後の対策を決めていくのです。

注意しなければならないのは、初期費用が安いフランチャイズチェーンか、加盟までのコストがもっとかかるフランチャイズチェーンかによって、数字が異なることです。

初期費用が安い場合は結果が早く見えるのですが、お店を出すまでに、数千万円かかるフランチャイズチェーンの場合、LPから問い合わせを獲得するまでに、ひとりあたり5万円ほどのコストがかかるケースもあります。そうすると50万円では検証できないので、月100～200万円かけることを提案することとなります。

規模や業種によってケースバイケースですが、**売るものが高いほど広告費を高く設定する必要があります**。もっとも高いのは、不動産やM&Aです。金額設定する際の目安にしてください。

エステサロン、フランチャイズチェーンの広告のポイント

1

エステサロン

初回施術の価格設定を安くしすぎない

2

フランチャイズチェーン

加盟までの初期費用が

安いチェーン	高いチェーン
広告費 50 万円からスタート	広告費を 100 ～ 200 万円かけることも視野

第4章

広告会社の選び方、付き合い方

広告会社の選び方のポイント

全体の戦略までわかる人を担当にすることが大切

ＷＥＢマーケティングに取り組む際、自社だけでスタートするのはかなりハードルが高いでしょう。

選ぶとすれば、コンサルティングファーム（総合系、戦略系、事業再生系、ＩＴ系）か広告会社（総合広告代理店、専門広告代理店、ハウスエージェンシー）です。

コンサルティングファームと広告会社のどちらを選んでもいいのですが、**ベストな選択は、戦略立案から改善までわかる人にお願いすること**です。

広告会社の社員は、特定の広告集客には精通しているかもしれませんが、全体の戦略までわかる人は決して多くありません。

自社の商品やサービスが集客さえできれば売れる状態なら、広告会社には集客だけお願いすればいいでしょう。ところが、全体の改善が必要であれば、全体戦略が考えられるコンサルタントをアサインするべきです。

ただし、世の中にはコンサルタントを名乗る人が多い割に、必要な知識を持っていないこともあるので、注意が必要です。さらに同じ広告会社でも、いい担当者と悪い担当者がいます。善し悪しを見分けるポイントは、次の要素が考えられます。

1. パフォーマンスが合う・合わない
・広告効果の指標であるCPA・CVRや、商品・サービスの成約率が合うか？

2. スピードは速いか・遅いか
・営業のスピード、担当者のレス、施策実施、広告の改善は迅速か？

3. 意思疎通が図れるか？
・自社のビジネスを話したときに、意味を理解できるか？
・調べればわかる事業内容を質問してくることはないか？
・実施したい内容や意図を理解しているか？

広告会社との連携は極めて重要

広告会社に任せきりにせず、情報提供を行おう

すでにお伝えしたことと重複するかもしれませんが、極めて重要なことなので、改めてお伝えします。

広告会社と契約し、お付き合いが始まったときに企業が意識しなければいけないのは、「連携」です。

広告会社に丸投げした状態では、うまくいきません。

連携が必要なことはいろいろあるのですが、まず共有したほうがいいのは、集客したあとの数字です。

WEBで集客した人たちに電話をかけたりして「捌《さば》く」ことは、クライアント自身が行ったほうがスムーズです。

どのように捌くのかは、集客の種類や人によって異なりますが、問い合わせの獲得なら電話をするなどしてアプローチしなければいけませんし、セミナーなら事前のフォローが必要です。

そしてその結果どうなったのか、つまり何人がセミナーなどに来たのか、ターゲットと合った人が来たのか、どれほどの売上につながったのかを、広告会社は知りたいのです。なぜなら、集客後の教育、販売プロセスによって数字がどうなったのかを知ることで、今後の改善を提案できるからです。

たとえば、求めているターゲットと違った場合には集客の部分を変える提案をします。理想の結果を得るには、広告会社に任せきりにするのではなく、連携が必要であると知っておきましょう。

広告会社との
連携のポイント

広告会社へ「結果」を伝えよう

例

何人集客できたのか
ターゲットとする人は来たか
売上はどうだったのか

連携のメリット…今後の改善につながる

↓

広告会社に任せきりではなく、
連携することが重要！

自分たちで
十分に「売り」を考えたうえで、
広告会社に意見を求めるべき

レベルの高いコンサルティングは希少で、価格も高額

広告会社は、基本的に大きな会社になればなるほど代表者が直接コンサルティングに入ることはなく、一般の社員や、高くても部長が対応するのが一般的です。当社のような小規模の会社なら、もちろん直接わたしが受け持つこともあります。

すべての広告会社の社員が、クライアントの売上を爆発的に伸ばせるだけの知恵を持っているとは限りません。

どの業界でも同じですが、全員が高いレベルのサービスを提供できるのなら、誰も困りませんよね。

ですから、それなりの人をアサインしてもらう場合は、お金がかかります。大切なのは、どこまでのレベルまでを求めるか、ということです。

「当社は商品もクロージングもアフターフォローもしっかりとしているから、集客さえしてくれれば自分たちで売れる」

ということでWEB集客だけをお願いするなら、広告会社の選択肢は多くなるに違いありません。

でも、そこまでの体制ができていなければ、いくら集客しても売れない可能性が高いのです。また、集客だけを依頼する場合でも、すでにお伝えした通り、広告会社は広告主の商品を理解し、競合会社に勝てるよう切り口を変えたLPをつくるといった戦略を立てることもあります。

もっとも、**ビジネスモデルを理解しようとしないせいか、それができない担当者も多いのが現状**であり、WEB集客をお願いするだけでも、広告会社の質を見極める必要があるのです。

やはり、戦略を考えられるコンサルタントをアサインするべきです。

売れない原因がわからないまま集客だけ進めても、残念ながら状況は変わりません。

自社の「売り」を改めて考えたうえで、プロモーションを依頼しよう

経営者の方々は、
「ビジネスの根本を考えられる人が、もっと必要だ」
と思うこともあるのではないでしょうか。
残念ながら、そのような人材はなかなかいません。
わたしたちは、そんな「根本」を考える会社であると自負しています。
実際にお付き合いが始まれば、根本を考えた動きをしていきます。

企業の利益を上げるには、プロモーションだけでは不十分です。
プロモーションをしたうえで、どのように売上につなげるのかをお互いに考え、十分にすり合わせて案件を進める。
そんなお付き合いをすることが求められているのではないでしょうか。

状況を変えるには根本的に改善することが必要ですが、どこまでを外部にお願いするかは、その会社の判断次第です。

自社で行うか、他社の力を借りるか、どちらの選択をするにせよ、ビジネスの根本を考えることは欠かせません。

自社の「売り」を改めて考えるプロセスが求められるのです。

そのうえで他社に頼むのなら、共存する意識を持ってお付き合いをしていきましょう。

値切りをすると、いい担当者がつかない

安いことには相応の理由がある

広告費はもちろんコストなので、利益率を上げるには、広告費を減らすに越したことはありません。ただ、安く済ませようと思って値切りに走ると、それなりの担当者しかアサインしてもらえない可能性があります。

広告会社も営利企業なので、より費用をかけてくれる取引先に優秀な人材をアサインします。

費用対効果で考えれば、中長期的には高いコストをかけたほうが企業の利益につながるので、目先の出費に惑わされないことをおすすめします。

企業同士の取引も、結局は人同士の関わり合いです。

予算の使い方によって相手の対応は変わるものですし、変にマウントをとろうとすると、相手が動かなくなってしまいます。高ければ間違いないとい

うわけではありませんが、安すぎることには相応の理由があります。

最初は様子見から入ったとしても、**信用できる広告会社、もしくは担当者であると感じたら、信じて任せる経営判断が必要**ではないでしょうか。自社の将来を左右する広告戦略の話なので、利益を伸ばすには的確な経営判断が求められます。

「広告会社に任せるなら任せきる」ことが必要

広告会社を信用し、任せたいと判断したなら、とことん任せることです。不明な点があれば、変更を指示する前に質問し、徹底的にすり合わせをしましょう。

「言った通りにしないなら、広告会社を変えればいい」

といった考え方では、うまくいく可能性を手放すことになります。

他者に任せきるのは簡単ではありませんが、わたしの経験では、任せてくださった企業のほうが、総じていい結果につながってきました。

長くお付き合いできる広告会社とは

1回だけの成果で判断せず、最低でも2~3ヵ月様子を見よう

すでにお伝えした通り、**広告費を安く済ませようと思って手数料や制作費が安い広告会社を利用すると、中長期的には利益を逃す可能性があります。**

また、一度の広告だけで結果を出そうと考えることも、おすすめしません。広告は時間をかければかけるほどコストも比例して大きくなりますが、それと同時に成果も生まれやすくなるからです。

中長期的な目線でとらえず、短期的に何とかしようと考えていては、結果を出すのが難しいと言えます。

もちろん、広告会社は一回で効果を出せるよう、全力を注ぎます。

ただ、マーケティングには商品そのものの質や打ち出し方、アフターフォローなど、多岐にわたる要素が関わっています。

一度回しては改善し、さらに回しながら改善を繰り返すのが、ベストな方法なのです。

だからこそ、成果が出るまでには少なくとも2~3ヵ月見ておくことをおすすめします。

「先」を見せてくれる広告会社がおすすめ

結果が出るまで2~3ヵ月間は見たほうがいいのですが、ここにはポイントがあります。

経営者の方々なら思いあたるはずですが、あるコンサルタントに長く頼む理由は、先を見せてくれるからではありませんか?

お付き合いをするなら、たとえば
「今回は駄目でしたが、ここをこういうふうにすれば状況はよくなります」

と先が見える提案をしてくれる広告会社のほうが、魅力的ではないでしょうか。

経営者として「生きたお金の使い方」をするには、長く付き合いたいほどの会社なのか、見極めをしっかりと行うことが大切です。

適当に流されることの悔しさを多数経験してきたので、広告に関わる人間として、わた

し自身もクライアントに先を見せる提案をすることを大切にしています。

当社が広告のお仕事を請け負っているクライアントには、長いところでは創業以来８年以上お付き合いさせていただいている会社もあります。

８年にわたって、ＷＥＢマーケティングの工程をブラッシュアップし続けている分、高い成果を出せているのではないかと思います。

さらに、時間とともに時勢も商品もクライアント自身も変化していきますが、その点を踏まえた「先の」マーケティングの話ができているからこそ、長いお付き合いになっているのかもしれません。

こんな広告会社と長く付き合おう

「先」を見せてくれるかどうかが鍵

真摯に改善策を考え、提案してくれるか？

↓

すぐに結果が出ないのが、WEB マーケティング

現状に甘んじず、ブラッシュアップしてくれるか？

↓

常に時勢や商品の移り変わりを追う必要がある

第5章

WEBマーケティング成功事例紹介

「広告主目線」の広告では絶対にうまくいかない

「売りたい目線」の広告では消費者には響かない

何のために広告を打つのかと言えば、もちろん売上を上げるためですね。

でも、「売りたい」気持ちが前面に出ている広告は、消費者の目にどう映るでしょうか？

実際、「売りたい目線」の広告になっているものも多く見られるのですが、これは広告でありがちな誤りなのです。

広告主目線、つまり提供する側が言いたいことを優先して書いているようなＬＰでは、絶対にうまくいきません。

たとえば、「当社が選ばれる理由」に

・〇〇ランキング１位！

・〇〇三冠達成！

・○千人が利用！

といった「実績」を載せているLPが多いのですが、じつは選ばれる理由になっておらず、残念ながら一般の消費者にはまったく響きません。

「ランキング1位」や「○千人が利用」は広告主が言いたいことであり、消費者が聞きたいこととは異なります。それが「売りたい目線」であり、「広告主目線」です。

「ユーザー目線」を忘れないようにしよう

それでは、「何目線」ならいいのでしょうか？

…それはもちろん、「ユーザー目線」です。

先ほどの例で、ランキング1位を獲得したり、数千人が利用したりすることには、それなりの理由があるはずです。

その「理由」の説明ができていないLPが多いのではないでしょうか。

選ばれている理由を説明せずにいきなり実績だけを持ち出されても、飛躍しすぎていて消費者はついていけないのです。ただ「買ってほしいんだな」と思われるだけです。

ですから、「なぜ利用したほうがいいのか」をLPに盛り込まなければいけません。

そもそも、どうして広告主目線のLPになってしまうのでしょうか。

その理由は、広告主がまず「売りたい」と思い、広告会社にそのまま要望を伝えるからです。

そして広告会社は、言われたことをそのまま書いて仕上げてしまうこともあります。よりよい「提案」ができない広告会社なら、なおさらそうなってしまうでしょう。

提案するには、その会社の業務、そして業界のことをよくわかっていなければできません。本来は、どの業界であっても少し考えればわかるはずです。

たとえば不動産投資なら、

「子どもに資産を残したい」

「余った資産を活用して、収入を増やしたい」

「定年退職したあと、定額のお金が入るようにしたい」

「相続対策をしたい」

といったニーズによって、必要な物件も変わってきます。

そこで、

「当社はさまざまな物件を抱えているので、一人ひとりのニーズに合ったご提案ができます。だから、選ばれています」

と言うなら、納得感がありますよね。

「当社は1位だから、販売数も多いから、選ぶ価値がありますよ」

と言うだけでは、消費者には届きません。

物を買うには理由があり、その理由をしっかりと伝える必要があります。

いかに見た人がメリットを感じられるＬＰにするかが、大切なのです。

「広告主目線」で
アピールしても、売れない

広告主目線

当社が選ばれる理由

○○ランキング１位！
○○三冠達成！
○千人が利用！

ユーザー目線

なぜ

○○ランキング１位なのか？
○○三冠を達成したのか？
○千人が利用しているのか？

↓

広告には
「消費者が聞きたいこと」を出そう！

LPの基本形

LPの基本構成は3つ

事例をお伝えする前に、どのパートについてお伝えしているのか見失わないよう、LPの基本的な構成についてお話ししておきます。

LPの構成は、大きく

①ヘッダー
②ボディ
③クロージング

の3つに分けられます。

「ヘッダー」について

①のヘッダーは、LPへの訪問者へその商品・サービスで得られるベネフィットや未来を見せる、もっとも重要なパートです。

たとえば不動産投資の場合、「年収500万円から不動産投資でFIREを実現」「家賃収入を100万円まで増やした物件選びのスキル」など、その会社がもっとも訴求したい情報を盛り込みます。

ヘッダーの下部に申し込みボタンを置くのはほぼ決まった形で、この時点でボタンを押さない人には先を読み進めてもらいます。

「ボディ」について

②のボディは、このオファーがなぜユーザーの役に立つのかを説明するパートです。

ここで最初によく載っているのは、「こんな悩みをお持ちですか?」という項目です。

読み手が悩んでいるであろうことを出すことで、「わたしに当てはまるな」とさらに自分事として考えさせるためです。

この悩みに当てはまる人は、次も読んでくれるはずです。

悩みのパターンは、多すぎると読まれなくなる恐れがあるので、3つから多くても10個ほどにするのがいいでしょう。

画像や写真は、いろいろな層の人がいることを想定して載せましょう。

たとえば「こんな悩みをお持ちですか？」のパートなら、「悩んでいる人」の写真を意識的に載せるのが通常の形です。

LPをサラッと読む人が多いので、あえて画像と文字を連動させることで、伝えたい内容をイメージしやすくするのです。

次に「そんな悩みはこのツールを使えば解決できます」という結論づけを行います。

続いて、なぜそのコンテンツが必要なのか、という時代背景や世の中の流れを説明します。

よく盛り込むのは「なぜこれを導入する必要があるのか」という根拠です。

たとえば国の統計グラフを引用し、ニーズの証明を行いましょう。

さらに、今回のセミナーなどで話すことを紹介し、成功事例も載せて、どんな人におすすめなのかを数項目入れておきます。

成功事例は多めに書くこともありますが、シンプルにすることもあり、この点はケースバイケースです。

明確な数字があれば、かならず入れるようにしましょう。

成功事例をシンプルにするのは、ＬＰ「ヒートマップ」を検証したときにあまり読まれていないようなケースです。

ヒートマップというツールを入れると、パートごとの滞在時間の長さがわかります。

ＬＰのなかでサラッとスクロールされている部分があれば、あまり読まれていないと判断し、説明が長い箇所ならコンパクトにすることもあります。

セミナーをご案内するＬＰの場合、第１部・第２部・第３部…とコンテンツを入れておくと、どのようなセミナーなのかが事前にわかるので、反応がよくなります。

広告バナーにセミナープログラムを入れることも、有効です。

講師紹介も必須です。著書があるならできる限り載せるようにしましょう。

そして最後に、参加者の声やＱ＆Ａを載せます。

このような形が定番であり、うまくいくケースが多くなっています。

また、資料請求をしてもらうことが目的のＬＰであれば、その資料の具体的な内容（目次）を記載したり、個別面談へ誘導するＬＰであれば、面談の具体的な内容や面談を受けることで得られるものを記載することで、反応がよくなります。

③のクロージングは、ユーザーの疑問や不安を解消して申し込みなどのアクションを促すパートで、「よくある質問」や導入の流れなどを記載します。

ここまでの説明を踏まえて、実際に大きな結果につながったＬＰの事例を見ていきましょう。

LP の基本構成

1

ヘッダー

LP 訪問者を惹きつける、最重要パート

2

ボディ

なぜ役立つのかを説明するパート

「こんな悩みはお持ちですか？」

（自分事にさせる）

↓

「これを使えば、悩みは解決できます」

（結論づけをする）

3

クロージング

申し込みなどのアクションを促すパート

ROAS が900%を超えた SNSのビジネスコンサルタント

LPのヘッダーでターゲットを絞り、ミスマッチを防いだ

まずは、SNSのビジネス活用セミナーを運営する、コンサルタントの事例です。

もともとセミナーのプロデュース会社と協業でセミナーを開催していましたが、労力の割に収益性が低かったため、自社運営に切り替えたいとのことで、当社に相談がありました。

クライアントのご要望通り、完全に自社運営ができるように、わたしたちが全面的に事業コンサルのような形で入らせていただきました。

LPや資料、司会の仕方など、セミナーのリリースをすべてサポートした形です。

波はありますが、一時期ROASが900%を超えたこともありました。

【ＳＮＳのビジネスコンサルタントLP例】
（ヘッダー部分）

主な成功ポイント…講師、コンサル、経営者、サロンオーナーに限定した

まず取り組んだのは、ＬＰの冒頭部分であるヘッダーに「このノウハウをビジネスに活用するとファンが増え、売上につながる」と入れ、ターゲットをきちんと絞り込んだことです。

対象を曖昧にするのではなく、売上につなげたい人が集まるよう意識した文言を入れました。

具体的には、「講師・コンサルタント・経営者・サロンオーナー」に対象を限定し、自分事にさせたのです。

違うタイプのＬＰを回し、最適なものを探す方法もある

このＷＥＢマーケティングで特徴的だったことは、違うタイプのＬＰを複数回したことです。

お客様の層をもっと上げるために、「年商○千万円以上の人限定」と謳ったものも含め、最初から３つほどＬＰをつくりました。

「女性起業家や働くママさん」に向けたＬＰは集客がとてもよく、ひとりあたりの申し込

みコストは安かったのですが、あまり成約にはつながりませんでした。「働くママさん」はあまり収入が高くないからです。

成約率が悪かったものは、途中で止めました。

最終的に、「講師・コンサルタント・経営者・サロンオーナー」に絞ったものをメインにしたところ、成功につながりました。

ただ、成果の上がるLPでも、時期によっては想定よりも質の低い人が来ることもあります。競合が出てきたときなどの外的要因によって、波があるのは仕方のない面もあるのです。

そこで、基本からは外れますが、セミナープログラムの説明の下に

「売上をさらに加速させたい人には、別途有料コースも用意しています」

という文言を意識的に入れたこともありました。

この文言を入れることで、最初から営業する前提であることが伝わりました。金額もわかったうえで申し込んでくるため、セミナーで金額を提示されても参加者が驚かなくなり、

申し込み率は下がったものの、逆に成約率が上がったのです。

現在は、有料コースの記載があるＬＰとないＬＰ、両方で回しています。

複数のＬＰを回しながら検証し、成果の上がらないものは止めて、質を上げたいものは修正を加えながら回していく。

このように、常に検証しながら広告を回していくのが、通常のパターンです。

ＷＥＢに限らず、広告は一度つくればそれで終わり、同じものを出し続ければいい、と思っている人は多いのですが、様子を見ながらアレンジを加え、ブラッシュアップしていくものです。

非常に重要なことなので、ぜひ覚えておきましょう。

無形コンテンツのセミナーは、「前段」が大事

セミナーに関しても、内容を見て、フィードバックをしながら変更することの繰り返しでした。

変えたポイントはたくさんありますが、**もっとも重要なのは、前段でセミナーの主旨、セミナーで得られること（ビフォーアフター）をしっかりと伝えるようにしたこと**です。

突然のオンラインでのルール説明（飲食NG、画面オンは必須、「ながら」もNG、ミュートのオン・オフなど）をしてしまうセミナーが少なくありません。

そうではなく、前段でそのセミナーで得られる結果、得たものでどんな未来が待っているか、という話をするように伝えたのです。

これはもちろん、どのセミナーにも共通するとても大切なことです。

クロージングで個別相談のアポイントをとる

セミナーでのクロージングも、とても重要です。

この例のケースでは完璧にできるようになりましたが、多くの企業はクロージング力に弱さを感じます。

クロージングで大切なのは、個別のアポイントをとることです。

個別面談では、本命商品のクロージングをするのですが、肝心の個別相談への誘導ができていない企業が多いのです。

〈個別相談へのクロージング　NG例〉

・とくに個別相談を受けるメリットを伝えず、「気になる人は、こんな話をするので個別面談に参加してください」と、その場で日程調整せずに日程調整のリンクを送り、好きな時間に入れてもらう

〈個別相談へのクロージング　OK例〉

・個別相談を受けるメリットを伝えつつ、「○○さん、いつが空いていますか?」と、その場で個別相談を決めてしまう

セミナーでのクロージングが、成約率に大きく影響します。この点は強く意識して取り組みましょう。

平均の半額のコストで集客できた不動産投資会社

紹介依存から脱するためにWEBマーケティングのテコ入れを図った

第1章でも軽く触れましたが、ある不動産投資会社からの依頼案件をご紹介します。

この会社は資産5000万円以上を保有する経営者をターゲットとして、一棟物件や区分マンション、海外不動産といったさまざま物件を提供していました。当社が依頼を受けたのは一棟マンションのプロモーションです。

中古の既存物件を販売するのが不動産投資の主流ですが、この会社は土地から探して一棟マンションを新築する不動産投資を提案するのが特徴です。いままでは紹介のみで顧客を獲得していたのですが、限界を感じ、WEBマーケティングをテコ入れするために、当社のクライアント経由で相談してこられたのです。

SNS広告を掲載し、集客訴求を「不動産投資」から「新規事業」へずらしたことがよい結果につながった

集客だけではなく全体的なプロデュースをすることとなり、それまでは紹介やテレアポだけで集客していたということでしたので、まずはセミナーの構築から始めました。

クライアント企業のスタッフがセミナー講師をすると「自社物件を売りたい」という色が濃くなってしまうので、社外のゲスト講師が登壇し、第三者の目線で不動産投資やクライアント企業の物件のよさをお伝えする形にしたのです。

ゲスト講師は自身のクライアントからの人望は厚いのですが、あまりセミナー数をこなしてきた人ではなかったので、わたしたちがセミナーの構成や資料作成、話し方、クロージング法などを監修しました。

LPは、「不動産投資をしませんか？」というありがちなものではなく、ほかにない切り口を考えました。

意識したのは、不動産投資会社の目線ではなく、ユーザー目線で切り口を変えることです。あまり変えすぎると失敗する可能性が生まれるので、加減が難しいところです。

いろいろと考えた結果、**「不動産投資」という直球のLPではなく、「オーダーメイドマンション事業」と打ち出し、「これは何だろう？」と思ってもらえるようにしました**。

クライアント企業の物件は既存のものではなく、土地から探して間取りを考え、新たに建築します。その過程でユーザー好みの壁紙にしたりするところから決めて、完成したら入居者を募集して運営していく。つまり、「投資」というよりも「事業」という見せ方にしたのです。

「不動産投資」という言葉では目新しさはありませんが、「事業」と表現したほうが、経営者の心をつかみやすいと判断しました。

これが「切り口をずらす」一例です。

ターゲットの心をつかみ、売り物の本筋を外さないことが、ポイントです。

複数のLPを回して絞り込み、CPAを下げることに成功

これ以外にも、さまざまなパターンのLPをつくってテストしました。

ひとつは、「大家デビューまでの具体的な方法を教えます　大家デビューセミナー」という「不動産投資感」があるものを、意識的に打ち出したものです。

ほかに、「『資産を増やすなら、新規事業の立ち上げorM&A』は間違い？　資産30倍を実現する方法」として、「不動産投資」と明かしていないものも出してみました。

さらに、「新規事業の立ち上げを検討中の経営者さまへ　お手軽!!　住宅運営ビジネス」といったものも打ち出しました。

複数のLPを並行して回し、もっとも属性の高い経営者が集まった「新規事業を検討中の経営者さまへ」に絞った結果、セミナーの申し込みに関するCPAが5万円前後になり、業界では安く集客することができました。

【不動産投資会社LP例】
（ヘッダー部分）

主な成功ポイント…集客訴求を「不動産投資」から
「新規事業」へずらした

不動産投資のＣＰＡの平均は、やり方によって異なるので一概に言えませんが、わたしたちは不動産投資会社によくある「Ａｍａｚｏｎギフト券をセミナー参加者全員にプレゼント」という釣り方をしません。

なぜなら、問い合わせしてくる人の質が下がるからです。

ギフト券で釣らない集客のＣＰＡは平均10万円ほどであり、しかも一棟マンション投資のＣＰＡが5万円というのはかなり安く、クライアント企業も驚いていました。

第三者が入って講師をするのも、いい意味で意外な提案だったようです。

理想のお客様が押し寄せるようになった投資系セミナー

「パワーワード」により成約率がアップ

ある投資系セミナーの集客をコンサルティングした事例をご紹介します。

コンサルティングに入る前は、広告費の回収率（ROAS）が100〜150%止まりで、広告費を100万円使っても、売上が150万円にしかならない状態でした。

でも、わたしたちが関わったことで、ROASが200〜300%出るようになったのです。

この方は書籍が8万部以上売れた著者なのですが、書籍を出す前から数字は大幅に改善していました。

ROASが振るわなかった要因はいくつかあったのですが、最大の原因は、広告とターゲットとのミスマッチであり、適切な人を集客できていなかったことです。

悪い人が来ていたわけではないのですが、株式投資をする前提でのLPなので競合が多く、比較検討されてしまってなかなか成約しなかったのです。

広告でいろいろなパターンをテストしましたが、書籍のテーマである「FIRE」の反応がいいことがわかり、株式投資よりもFIREを推し出しました。

さらに、**手段ではなく目的を打ち出したところ、他社と比較されなくなり、成約率が上がった**のです。

また、「月々3万円からの投資」というパワーワードを入れたところ、大きく改善しました。パワーワードにより、投資へのハードルが下がったのでしょう。

質の高い人が来るために意識したのは、セミナーとLPの内容を一致させることでした。内容にずれがあると、希望とまったく違う人が申し込んできてしまうからです。

そこでセミナーの内容をすべて拝見し、マッチする人が入ってきやすいLPをつくりました。

知名度を活かし、実績などを上へ配置したことも成功の要因

ＬＰなどで改善した主なポイントは、
・書籍のデザインに近づけた
・ヒートマップを見て、よく見られている箇所を上のほうへ配置した
・書籍の「裏バージョン」を小冊子にまとめ、ＰＤＦでプレゼントした
といったことです。


すでにお伝えした通り、クライアントは数万部のヒットとなった書籍の著者です。

昨今の出版業界では、１万部売れれば大ヒットです。

ですから、ＬＰのヘッダーのデザインをその書籍の表紙に近づけました。

数万部売れた本なので、買った人はもちろん知っていますし、買わなくても見たことがある人は多いからです。

ＬＰを制作する際は、王道のパターンを押さえつつ、少し変える場合もあります。

たとえば、**通常は下のほうに事例を置くのですが、特筆すべきものがあれば上のほうに載せるなどして、置き場所を前後させることも大切です**。

今回の場合はメディアへの露出が多い方だったので、信頼度アップのために、あえてヘッダーにメディア掲載実績を載せました。

さらに、この方に教わった人たちの成功実績が卓越していたので、はじめのほうに「達成者の声」を配置。最初は下のほうに載せていましたが、あえて上に持ってくるように変更しました。

具体的にはFIRE（早期リタイア）を達成させるセミナーでしたが、達成者の声を上のほうに持ってきたところ、反応が劇的に改善したのです。「数ヵ月でFIREできた」というお客様の声が、大きなインパクトだったのでしょう。

大ヒットした書籍だったので、部数や獲得したランキング、メディア紹介実績なども載せたことで、いずれもいい反応が得られました。

著名人の読者がいたり、ギネス認定もされたりしていたので、その情報も載せました。

ここまで実績を載せたうえで、「こんな悩みはありませんか？」と本題に入るようにしたのです。

知名度の高い人であれば、メディア実績などを先に出すことで信頼度を上げることが有効であり、とくに本件は投資のセミナーである分、通常は怪しいと思われがちなため、知名度は非常に重要です。

そう考えて実績をはじめのほうに持ってきたことが、功を奏しました。

ＬＰにどこまで詳しく書くかはクライアント次第

本件は米国株投資のセミナーの告知だったのですが、本題の部分（いま米国株に投資をすべき）というパートは意識的に長くしました。

実績の部分だけを見て申し込む人もいたのですが、このパートが刺さらなかった人に、本題をしっかりと見てもらうためです。

米国株のような、通常の株式投資よりも**ハードルが高いコンテンツへ誘導するには、どうしても説明が必要**なので、普段この方が主張していることをできるだけ取り込みました。たとえば、まずは投資の必要性を訴えて、そのためにおすすめなのは米国株、という展開。さらに米国株に投資すべき理由を、エビデンスとなるグラフを載せて、意外にハードルが低いこと、メリットが大きいことを伝えました。

もちろん、ＬＰで詳しく説明しないケースもあります。短くシンプルに説明するＬＰでもいいのですが、そうするとその分、セミナーで説明しなければなりません。一方で、ＬＰに詳しく書いた場合、セミナーで理解されやすく、説明も不要になる可能性があります。

もっとも、ＬＰでどこまで見せるのかは、クライアントのご要望や得意・不得意によるでしょう。

つまり、セミナーに呼べば売れるタイプのクライアントならＬＰはシンプルでいいのですが、ＬＰで丁寧に伝えたうえでセミナーに参加してほしいと考えるクライアントもいるのです。

【投資系セミナーLP例】
（ボディ部分のみ掲載）

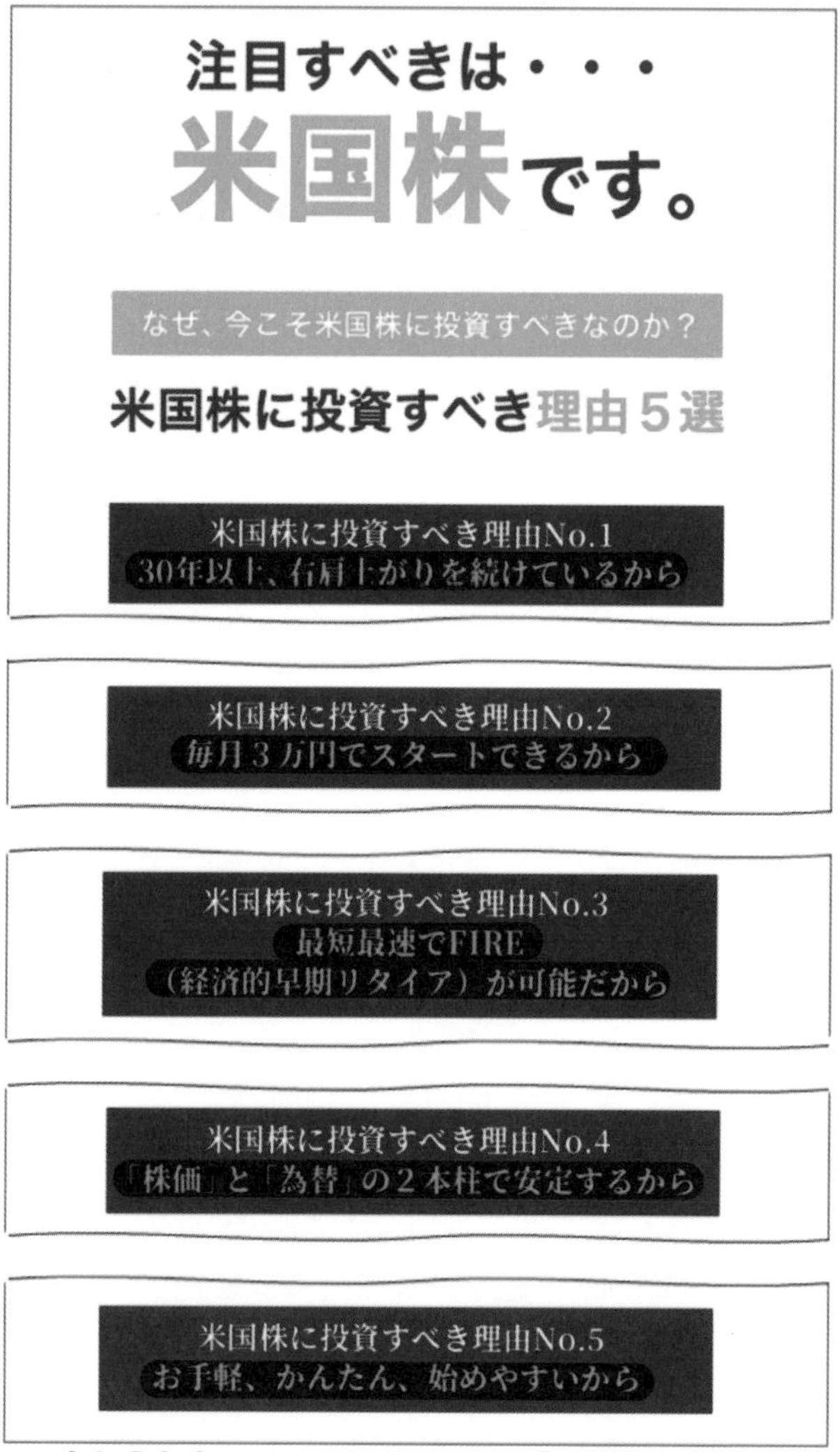
注目すべきは・・・
米国株です。
なぜ、今こそ米国株に投資すべきなのか？
米国株に投資すべき理由５選
米国株に投資すべき理由No.1
30年以上、右肩上がりを続けているから
米国株に投資すべき理由No.2
毎月３万円でスタートできるから
米国株に投資すべき理由No.3
最短最速でFIRE
（経済的早期リタイア）が可能だから
米国株に投資すべき理由No.4
「株価」と「為替」の２本柱で安定するから
米国株に投資すべき理由No.5
お手軽、かんたん、始めやすいから

主な成功ポイント…ハードルの高い「米国株」の部分を意識的に長くした

あまり話すのが得意ではない人なら、事前に文字情報でしっかりと出しておいたほうがいいでしょう。

結局のところ、唯一の正解はなく、業界やその人に合わせた集客方法を考えていくことになります。自社、もしくはご自身のタイプやキャラクターを理解し、最適な形にするのが正解です。

昨今は動画広告の反響が大きい

動画広告を実施したことも、うまくいった要因のひとつです。

とくに**最近は、動画広告の反響が大きくなっています**。

動画の広告は、シナリオが非常に重要です。

YouTubeを見る目的のひとつは「ノウハウを得ること」であり、「あることをするとFIREできます。詳しくはセミナーで説明するので、ぜひ参加してください」

と言うと、

「何だろう？」

と興味を持った状態、教育された状態で参加してもらえます。

動画を活用して成功した例は、次の項で詳しくお伝えします。

CPAが4分の1になり、お客様の層が上がった不動産投資塾

セミナーに沿った動画を流すのはとても効果的

ある不動産投資塾の例です。わたしたちがサポートに入る前のCPAは約4万5000円でしたが、入ったあとは1万円台に改善しました。

最大の要因は、動画広告を導入したことです。

少額の自己資金、空室対策、修繕費削減、売却価格という不動産投資によくある悩みに訴求した内容にしました。

動画は、「ノウハウ」をビジネスモデルにしている人たちにはとても有効なものです。

無形商品を扱う人たちはノウハウを売りにしてビジネス展開しているのですが、どうしても怪しく見られがちです。

たしかに、「自己資金100万円で5000万円の家賃収入」と言われても、怪しい商材に感じますよね。

でも、「あることをすると…」と言うことで、ある程度内容を説明しているため、怪しさを持たれにくくなるのです。メディアの実績を入れることも、改善する要因になり得ます。

セミナーでも、LPや告知動画に沿った内容を話すので、効果が出てしかるべきです。Meta社のSNSなどに載せる動画は、電車の中などで音を消して見られることが多いので、テロップを入れることで視聴され、興味を持たれやすくなります。

基本的にSNSは暇つぶしで見るものなので、見やすいように文字を打ち込むことで、視聴してもらいやすくなるのです。

動画の情報量を、最大限利用しよう

建築メーカーが一軒家を建てたいと思っている人に訴求するために、「建築資金券」を配布していることがあります。

「おめでとうございます、◯◯さんは1000万円の建築資金券に当選しました」

と言ってリストをとるのですが、怪しい商材だと思いませんか？

有名なハウスメーカーであれば、怪しさを持たれませんが、小さな会社が同じことをしたら、怪しさを払拭することはできないでしょう。

小さな会社が信頼されるようになるには、怪しさを乗り越えるノウハウが必要です。

たとえば、

「お子さんの成績が上がる家に興味はありませんか？」

「健康を考えた家に興味はありませんか？」

と言われたら、

「え？　どういうこと？」

と興味を持つのではないでしょうか。

興味を持たせたうえで、間取りなどの資料を送り、セミナーや個別面談の話をすれば、いいのです。

すると反応がまったく変わり、話を聞きたいと思ってセミナーや個別面談に訪れるでしょう。

「見せ方」によって、結果は大きく変わります。

いままでＹｏｕＴｕｂｅなどの動画サイトは、暇つぶしのツールでした。

でも、興味を持たれる文言を入れることで、セミナーなどの申し込みが獲得でき、誘導単価もとても安くなります。

実際、ＣＰＡが４万５０００円から１万円ほどに改善しました。

ＣＰＡが安くなっただけでなく、来る人の質も上がりました。

なぜなら、発信した内容に共感した人たちが来るからです。

動画の情報量の多さは侮れません。

CPAが下がり、リピート率50%になったバストアップサロン

CPAが下がってリピートが増え、予約でいっぱいに

あるバストアップサロンの成功例です。

わたしたちが関わる前は、大手クーポンサイトで集客をしていたのですが、集客が思わしくなかったため相談に来られました。

このサロンには、ほかのバストアップサロンにはない「脂肪移動」という強みがあり、それをLPの前面に推し出したところ、9900円の予約をCPA9500円で獲得できるようになりました。

リピート率も50%以上と高く、予約枠がいつも少ない状態になっています。

LPの主な改善点は、次の通りです。

・ほかと違う強み（脂肪移動）をヘッダーに表示した

・定価が約3万3000円のところ、「初回9900円」というリーズナブ

ルな価格設定にした
・メディア実績も、LPの序盤に載せた
・「こんな悩みを抱えていませんか?」と「悩み」も序盤に入れて、「自分事化」を図った
・悩みの原因を4つにまとめ、解決法を詳細に紹介する形にした

「王道」に沿った工夫で、集客面も利益面も大成功

ヘッダーに強みを入れるのは、わたしたちがよく行うことです。

そこで申し込みをすればいいのですが、それだけでは人は動かないので、メディア実績を入れて信頼性をアップし、「悩み」に訴求して自分事化させました。

そして悩みの原因を4つ明示し、「解決できるのは当院のこんな技術です」とメソッドの説明に入ります。

この部分までで、申し込みをとれるようになりました。

この型は、美容系で多く用いています。

かならず入れるのは、来院してからの施術のステップです。

【バストアップサロンLP例】
（ヘッダーおよびボディの一部を掲載）

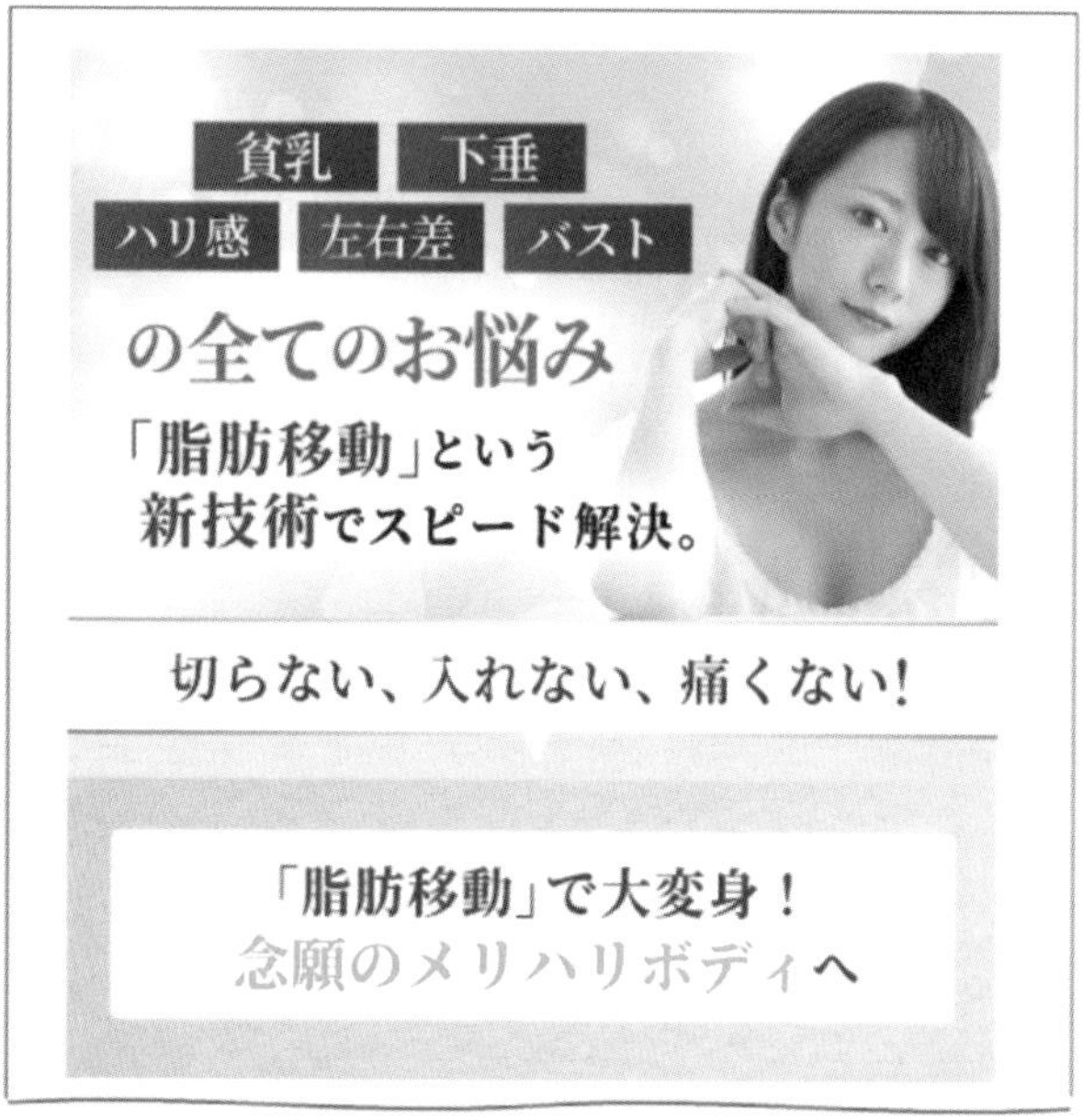

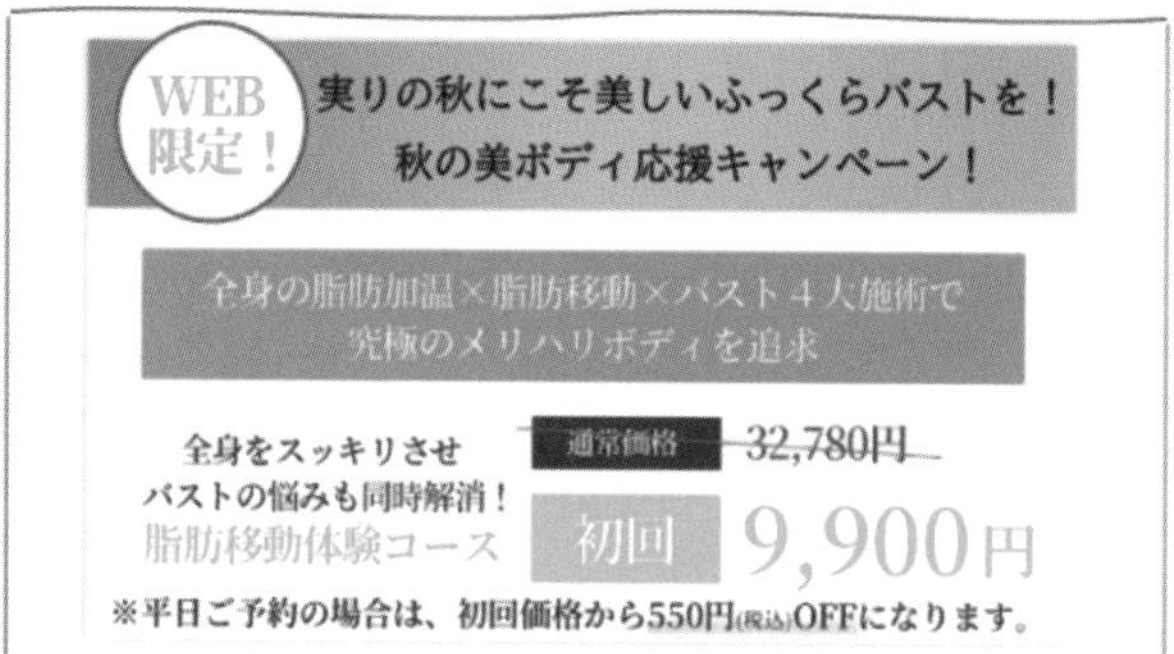

主な成功ポイント…ほかにない強み「脂肪移動」をヘッダーに表示し、リーズナブルな価格設定にしたことなど

行ってみないと何をされるかわからなければ、お客様も不安になります。

施術の順番を載せることで、お客様に安心してもらえるでしょう。

すべてのステップが完了したあとに期待できる効果、ほかのサロンとの違い、選ばれる理由、お客様の声も入れて、最後に代表者のメッセージで締めています。

施術系は、ここまでつくり込むことで申し込みの獲得につながります。

９９００円の初回予約をＣＰＡ９５００円で獲得しているので、初回だけならほぼ利益は出ませんが、50％以上のリピートにつながっているので、そこから先は利益になります。

９５００円のＣＰＡは、かなりよいほうです。

豊胸なら10万円、施術自体は単価が80万円なので一見黒字ですが、来ても本申し込みをしない人がいるので、実質的なＣＰＡはもう少し高くなります。ですから、このバストアップサロンは、集客面でも利益面でもうまくいったケースと言えます。

集客コストが10分の1、予約であふれるようになったウェルネスサロン

競合の少ないコンテンツを提案し、ＣＰＡもリピート率も大成功

第2章でもご紹介した、皮膚を吸引して筋膜リリースを行うことで痛みを取る機械を導入している、痛み取りサロンの例です。

もともと「小顔訴求」で集客していたのですが、結果が芳しくありませんでした。

来店予約のＣＰＡが2万円と割高で来店率も悪かったため、１８０度方針を変える必要があると感じ、当社に相談がありました。

その機械はいろいろなことができることがかえって特徴を失わせてしまい、弱さにもなっていました。

ＨＩＨＵ（ハイフ）のような機能もあるとのことで、最初は小顔になることを売りにしてＬＰを組んでいたのですが、競合が多く、２万円のＣＰＡに

加えて来店率も半分以下で、来店までのコストが4～5万円もかかっていました。

ですから、導入した機械をどう見せるか、というコンセプトを変えるところから、わたしたちが関わることになったのです。


サロンの社内で話し合った結果、「自分たちの強みはどんな痛みも取れること」ということで、痛み取りのプロ集団にしようと考えていました。

ところがわたしたちは、「痛み取りでは整骨院などの競合が多いので、集客が難しい」と意見を出し、他社が参入してない「吸引×ヘッドマッサージ（ヘッドスパ）」を提案したのです。


吸引ヘッドマッサージを入口にして集客し、アップセルして全身の施術へ誘導するというものです。

頭を吸引するヘッドマッサージは、世の中にはまだないからです。

その結果、来店予約単価が５０００円台になり、リピート率も50％となりました。

現在は予約がなかなかとれない状態になっています。

**【ウェルネスサロンLP例】
（ヘッダー部分）**

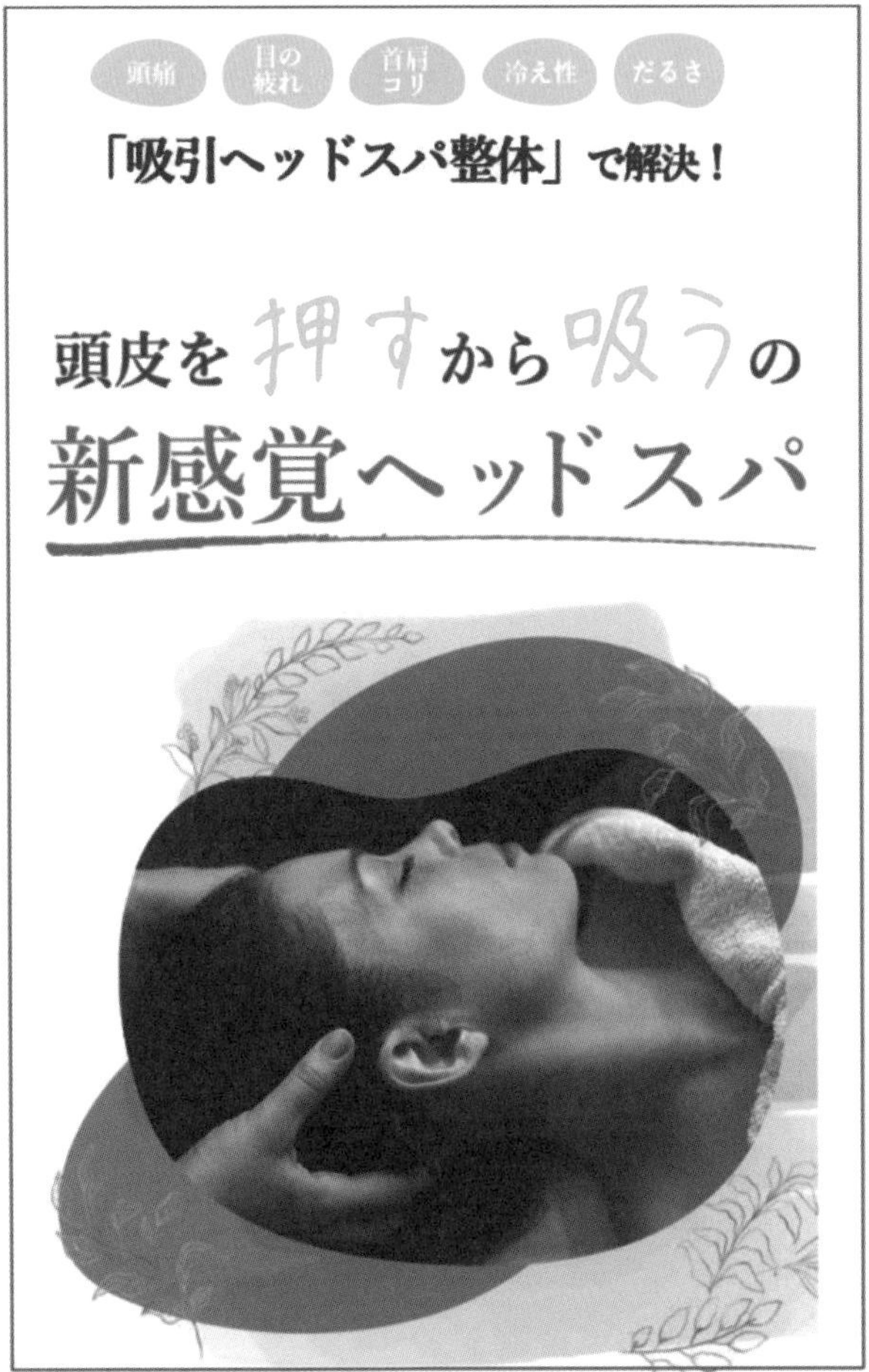

主な成功ポイント…痛み取りの入口として、最新機器を活用し、世の中にまだない「吸う」ヘッドスパを打ち出した

「入口を絞ること」で勝ちパターンへ

わたしたちがヒアリングして作成した、成功したLPのポイントは、次の通りです。

・ヘッドマッサージのイメージは「押す」なので、「押す」を「吸う」に変えて、「頭膚を『押す』から『吸う』」の新感覚ヘッドスパ」と表示
・メインはヘッドマッサージにしつつ、身体の改善も診断するコースを考案して表示
・LPを読んだ人に自分事化してもらうために、「こんな悩みを抱えていませんか？」と記載し、その悩みの原因を伝える
・ここまでを踏まえ、なぜ頭皮吸引が有効なのかを伝え、効果を訴える
・施術のステップを載せる
・機械の紹介をする
・大学教授（機械の開発者）の「推薦の声」を入れて、権威性を出す
・競合が多い場合は、他社との比較を入れる

・専門書のような身体の図を入れて、権威性を高める
・スタッフの紹介を入れて、顔が見えるようにする
・お客様の声、自分たちのミッション、お店の情報を入れて、ＬＰを締める

わたしたちはサロンへの集客に数多く取り組んできましたが、これがほぼ「勝ちパターン」です。最大のポイントは「入口」であり、これまでは入口を間違えていたのです。

このように、コンセプトや施術のメニュー自体を、ガラッと変えさせてもらうことも決して少なくありません。**重要なのは、ヘッドマッサージのように推し出すものを「絞る」こと**です。結果は、すでにお伝えした通りです。

価格設定のバランスが大切

作成したページの反響が大きければ、時期によって波があっても、基本的には維持することが多くなっています。

もちろん、申し込みがとれなくなったら、ＬＰの修正やコンセプトの変更を行いますし、広告のバナーを変えることもあります。

初回価格などを上げる、もしくは下げる調整をすることもあります。

効果がよければ上げる、悪ければ下げる、このバランスが大切なのです。

ただ、下げると来店が多くなりすぎるので、注意が必要です。

一度５００円に設定したところ、来店が増えすぎて大変なことになりました。

同時にお客様の質も下がってしまいます。

クライアントと同じゴールを目指し提案するのも、広告会社の役割

このケースのポイントは、「吸う」機械の特徴を活かし、よりお客様に訴求できるものを打ち出したことです。

クライアントは最初、痛み取りで訴求しようとしたのですが、わたしたちが異を唱えてヘッドマッサージを打ち出しました。

クライアント側は、競合や商材の特徴にとらわれてしまうケースが少なくありません。

もしかすると、多くの広告会社はクライアントの言い分を尊重して、「痛み取り」で進めてしまうかもしれません。

ただ、痛みが取れたかどうかは個人の感覚であり、効果を感じなければ、通う理由が生まれないためリピートにはつながりません。

リラクゼーション寄りの打ち出し方にしたのは、そんな背景もありました。

クライアントの最大のニーズは、差別化を図り、お客様が継続するビジネスでした。

最終的にヘッドマッサージで合意できたのは、クライアントとわたしたちでゴールが一致したからでしょう。

CPAが半分になり、客層もぐっと上がった税理士向け集客セミナー

LPの改善により、CPAが約半分に

次は、「税理士が税理士に教える講座」で集客した事例をご紹介します。

一般的に税理士は、顧問先から平均月3万円ほどしかもらえないそうです。今回紹介する講座の主催者は、ご自身がもともと困っていたこともあり、苦しんでいる税理士の人たちを救いたいという思いから、顧問先から月15万円もらえるノウハウを教えることを目的としたコンテンツをリリースしました。

財務コンサルタントとして銀行から融資を引き出す方法や、M&Aを考えるには財務の健全性が重要であり、そのために何が必要なのか、といった内容に触れています。

わたしたちがサポートに入る前のCPAは6万2000円でしたが、入ったあとは約半分の3万2000円ほどになりました。

「税理士業界ではあり得ない効果」を出して、問い合わせを誘引する

改善前のLPは、長すぎて言いたいことがわからなかったのですが、**サービスを利用するベネフィットを入れ込んだことで、効果が大幅に改善しました**。

改善前は、ヘッダーだけ見ても何の話かわかりにくく、ターゲットも明記されていません。さらに読み手にはあまり関係ないストーリーが延々と続き、やっと本題に入ります。

全体的に分量も多く、同じ調子で続くため、文字を追っても疲れてしまうものでした。

そこで、次のような改善をしたのです。

・全体的に文字を少なくした
・チープに見える淡い色のイラストをやめて、写真を多用した
・ヘッダーに税理士向けであることを明示してターゲットをわかりやすくし、どんなメソッドなのかを書きつつ、「顧問先10件で1500万円を実現」と金額を明記した
・「こんな人におすすめ」のパートを上に持ってきて、「低単価の顧問先が多い人」と書い

て共感する人たちを集める形にした
・「このメソッドで実現できること」3つを打ち出した
・受講生が安心できるよう、セミナープログラムを明示した

最大のポイントは、元のLPでは何ができるようになるかわからなかったところから、ヘッダーに
「誰向けか」

「何ができるメソッドか」

「収入がいくらに増えるのか」

を明記したことです。

「10件で売上1500万円」は、税理士からするとあり得ない数字です。

それを載せることで、「えっ?」と思わせる効果があります。

税理士の方々は「儲け方」をあまり知らない人も少なからずいるため、「何をするのだろう?」と思わせて問い合わせしてもらうのです。

元のLPの内容を活かし、整理することも大切

すでにお伝えした通り、**セミナーのような無形のビジネスモデルは、どんなノウハウなのかをLPで教えてはいけません。**

なぜなら、詳しくはセミナーで説明すべきものだからです。

記帳代行や節税だけをあてにされていて、顧問先の社長を動かす力はないという税理士が多いようです。でも、それでは大きく稼ぐのは難しいでしょう。

定期的に社長を訪問し、レポートの報告をするだけでは、わざわざ出向く必要もありません。

せっかく訪問するのなら、顧問先の社長から重要な存在と思われて、プラスアルファの仕事をとってくるべきです。

税理士は国家資格のため「信用」はありますが、資格だけでは「信頼」にまで至りません。信頼を得るには、クライアントに「その先」まで見せる必要があります。

先が見えることなら、社長も時間をとって、話に乗るでしょう。

「税理士は、月15万円をもらうだけの仕事ができるはずだ」というのが、いま紹介している講座の主催者の考えであり、そのためのノウハウを教えるのが、前述したセミナーです。

そこで、よりわかりやすく講座のメリットを伝えるために「このメソッドで実現できること」の3つ（クライアントを儲けさせる、顧問先の社長を動かす、紹介が生まれる）は、長々と文章で説明するよりも、できることを端的に書いたほうがいいと提案し、元のＬＰに載っていたものを一緒に整理しました。

せっかく刺さることを言っても、情報を絞らなければ埋もれてしまうからです。

「インターネット用」にまとめるには、経験も必要

広告を打つ際の「あるある話」なのですが、会社資料に書いてある企業の考えなどが、インターネットに掲載されていると急にわからなくなってしまいます。

紙でもインターネットでも、中身は共通しているはずなのですが、違って見えてしまう

のです。

インターネット用にわかりやすくまとめるには、ある程度の経験が必要なのかもしれません。

デザインも、大幅に変更しました。

先ほども触れたように、以前のものは淡いイラストだけで、階層の低い人に向けたような印象でしたが、品位を失わない範囲で写真を入れて、信頼感のある色合いやデザインに変えたことで、客層が大きく変わっています。

理想のお客様を呼び込むには、デザインも非常に重要であると認識しましょう。

掲載企業・応募者が殺到するようになった介護系求人サイトの運営会社

集客のしくみを知らなかったが、現在は掲載企業も応募者も右肩上がり

最後は、当社が2年ほど前からコンサルティングに入らせていただいている、介護求人に特化したポータルサイトを運営している会社です。

一般的な求人サイトには、まず募集要項やお仕事内容が書かれているものですが、このサイトは求人募集をしている会社ごとに、出勤から退勤までの1日の流れが動画でアップされていて、働く様子を見ることができるのが特徴です。

求職者に、より仕事のことを知ってもらい、応募につなげるという狙いが功を奏し、圧倒的な受注率になっています。

わたしたちが入らせていただいたのはこのサイトをつくったばかりの頃で、ここに掲載する企業をどのように集めるか、というご相談から始まりました。

ＷＥＢ集客の仕方がわからず、どうすればいいのか、というざっくりとした悩みを持っていたのです。

でも現在は掲載企業が増加し、応募者も毎月右肩上がりで増えています。

まずはＳＮＳ広告や求人ポータルサイトの広告を行った

コンサルティングに入った頃は、ただサイトをつくっただけで集客ができていない状態でした。

そこで、インフルエンサーを起用してＴｉｋＴｏｋのフォロワーを増やし、そこから求人サイトにつなげて応募の獲得を図っていました。

ところが応募は増えず、１日１件来るかどうかという状態です…。

本当にさまざまな施策を実施しました。

まずとった方法は、**ＳＮＳ広告を使ってＬＰで集客し、ＬＩＮＥに友だち追加をしてもらう方法**です。ＬＰは、

①初心者向けに、「じつは介護は誰でも働きやすいお仕事」と伝えるもの
②介護の就職で失敗した経験がある人に訴求するもの
③ターゲットを大阪の人に絞って、1分間のショート動画をアピールするもの

の3本でした。ちなみにもっとも反応がよかったのは、予想通り大阪の人に向けた③でした。

発信で意識したのは、LINE登録をしてもらうことです。

SNS広告から直接応募につなげるのはとても難しいため、まずは介護に興味を持ってもらうよう、介護に関するさまざまなことをLINE登録した人たちへ発信したのです。

ここで、まずは顧客になる前段階の「見込み客」を集めてもらいました。

次に、クライアントはすぐに顧客をとりたいニーズもあったため、求人ポータルサイトの広告で応募を増やす試みをしました。

最初に実施したSNS広告は、LINE登録を通じて介護職に興味を持たせ、ゆくゆくは応募してもらうといった、少し時間がかかる施策でした。

一方で求人ポータルサイトの広告は、すぐに応募してもらうための施策です。

クライアントがIndeed広告で手早く応募を獲得できることを知らなかったため、提案したのです。

あえてネガティブワードを使い、SEOの上位へ上げることに成功

ほかに実施したのは、SEO対策です。

じつは、介護の求人に関するキーワードをSEOの上位に上げるのは競合が多い分、とても難しいのです。

実際、「介護　求人」といったビッグワードでは、競合がひしめいているので検索の上位に上げるのは困難です。

そこで**わたしたちがとった施策は、たとえば「介護　つらい」「介護　仕事辞めたい」といった介護のネガティブなワードを入れること**でした。

すると、そのようなキーワードを競合があげていなかったため、クライアントのサイト

が検索の上位にまで上昇していきました。

あえて「介護　汚い」「介護　きつい」「介護　辞めたい」といった一般的に考えられている介護のネガティブワードを入れて、「でも、じつは違うんですよ」というページや記事をつくったことで、大きく変わったのです。


当社は基本的に、真正面から勝負をしないことを心がけています。

なぜなら、クライアントにブルーオーシャンで戦ってもらいたいからです。

なお、ネガティブワードがすべての業種で有効なわけではありませんが、求人系のビジネスなら合う可能性があります。とくに、世間的に「きつい」「大変」「辞めたい」といったイメージがある業界の場合、その業界に興味を持っている人が検索するからです。

検索してきた人に記事を読んでもらい、「じつはそうではない」という話につなげ、求人サイトに誘導することがひとつの成功パターンと言えます。

マーケティングの経験を活かし、営業へアドバイスも行った

そのほかにも、掲載企業への営業に同行して、営業資料の改善や営業手法のアドバイスまで行ったこともあります。

はじめの頃は営業担当者たちが掲載を獲得できなかったため、マーケティングの観点から、話し方などの改善点も提案しました。

近年は採用におけるSNSの重要性が増しており、求職者が求人情報をSNSで探すことが当たり前になっています。

ただ、求人でSNSをうまく活用している企業は決して多くありません。

そこで、若者に人気のTikTokで仕事の情報を流し、「休みが多い」「楽しい」「ネイルや髪型が自由」「意外とブラックではない」といった情報を流して、ほかの求人サイトとの違いを理解してもらう流れをアドバイスしたところ、掲載数の大幅増加につながりました。

「正攻法でなくてもいい、切り口を工夫しましょう」といったことを営業担当者たちに伝えたことで、掲載に結びついたのではないでしょうか。

企業へ訴求するポイントを押さえなければ、いくら数をこなしても掲載獲得できないのです。

ほかには電車の中吊り広告も実施するなど、本当にさまざまな対策を打った結果、応募者が毎月右肩上がりで増え、企業から圧倒的な受注率を獲得できるようになりました。

さらに、「本を通じて介護の仕事に興味を持ってもらい、少しでも多くの人に介護の業界で働いてほしい」という想いがあったため、出版というアプローチも行っています。

当社はこちらのクライアントにも「広告会社らしからぬ」入り方をしましたが、**WEB広告を活かすも活かさないも、結局はWEB以外の対応次第**です。

わたしたちの考え方に賛同いただき、協力して取り組めるクライアントとは、長いお付き合いにつながっています。

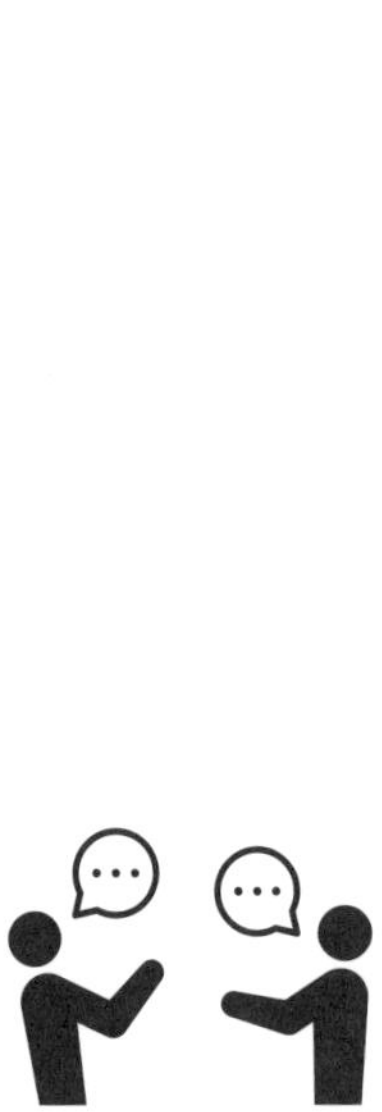

【介護系求人サイトの運営会社LP例】
（ボディのみ掲載）

意外かもしれませんが・・・
実は介護のお仕事には

- 排泄処理のない職場もある
- 資格不要、未経験OK
- 給料は意外と悪くない
- 体力系の仕事は少ない（見守りメイン）
- 残業もなく、週1からでもOK

といった特徴があります。

主な成功ポイント…初心者向けに、「じつは介護は誰でも働きやすいお仕事」と伝えた

おわりに

本書を最後までお読みいただき、ありがとうございました。

冒頭でお伝えした通り、これからの広告はテレビなどのマスメディアよりも、ＷＥＢに移行していきます。


企業のマーケティング費用は、ますますＷＥＢへ投下されるでしょう。

昨今の状況を見ると、まさにその流れが加速していると思わざるを得ません。

企業がＷＥＢマーケティングを行わないという選択肢は、もはやなくなっているのです。


ただ、本書で何度もお伝えした通り、大切なのは「ＷＥＢをどのように使うのか」ではありません。

WEBマーケティングで本当に大切なのは、お客様目線で商品やサービスを開発し、販売を行い、アフターサポートを行う企業としての「あり方」です。

企業理念をしっかりと固め、すべての社員に浸透させることが、今後ますます求められるのではないでしょうか。

わたしのような広告に携わる人間はすべて、世の中の移り変わりを敏感に汲み取り、クライアントが求める最高の結果にコミットしなければなりません。

広告費をいただくだけで、ただ広告を運用するだけの代理店は、必要とされなくなるでしょう。

クライアントが気づいていない強みを発見し、ときには営業手法などに物申して、クライアントの売上や利益を最大化するために汗をかく。

そんな存在であり続けたいと、わたしたちは思っています。

ときにはクライアントに口うるさいと思われることも覚悟のうえで、指摘やアドバイスを行っているのは、わたしたちが本気で「結果を出すこと」にこだわっているからです。

本書をご覧の経営者、そしてマーケティング担当の方々は、まず「信頼できるパートナー」を見つけてください。

そして、そのパートナーの言うことを信じ、最大限協力してください。

そのパートナーが、誰であっても構いません。

本書の第4章を参考にして、頼れるパートナーとタッグを組み、自社の商品やサービスをお客様へお届けして、ぜひたくさんの人をしあわせにしてほしいのです。

もちろん、そのパートナーとしてわたしたちを選んでいただけるなら、これに勝る喜びはありません。

そのときは、お役に立てるよう最善の手を尽くすことをお約束します。

ＷＥＢマーケティングは人の心を扱うものでもあり、ＡＩに取って替わられるものではないと、わたしは確信しています。

本書をきっかけに自社のあり方を再確認し、ＷＥＢマーケティングで目覚ましい成果をあげる企業が少しでも増えることを、心から願っています。

２０２４年６月　小石彩夫

【著者紹介】

小石 彩夫 (こいし・あさお)

クレアルティ株式会社 代表取締役

1981年、東京都生まれ。

2000年、東京農業大学国際食料情報学部入学、在学中にイタリアへ留学。2004年に卒業後、京都の和紙デザイン会社に就職。

2009年、寿司レストランのシェフとして再度イタリアへ赴いた際、Facebookの隆盛を目の当たりにし、WEB広告の計り知れない可能性に気づく。2010年に帰国後、IT大手やベンチャーを渡り歩き、WEBマーケティング業務に携わる。

2016年2月にクレアルティ株式会社を設立、代表取締役に就任。

これまでに手がけたWEBマーケティングの案件数は、業種を問わずおよそ700にものぼり、成功率は96%。「すべては、クライアントの利益の最大化のために」を理念に掲げ、かならず結果を出す取り組みによって、顧客から絶大な信頼を得ている。

著書に『ウェブマーケティングはじめての教科書』(幻冬舎)がある。


とにかく結果《けっか》が出《で》るWEBマーケティング 〈検印省略〉

2024年6月24日 第1刷発行

著　者—— 小石 彩夫 (こいし・あさお)
発行者—— 小石 彩夫

発行所—— さきの出版
〒163-0635 東京都新宿区西新宿1-25-1 新宿センタービル35階
電　話 03(3343)6055
URL https://sakino-pub.jp/
E-mail info@sakino-pub.jp

発　売—— サンクチュアリ出版
〒113-0023 東京都文京区向丘2-14-9
電　話 03(5834)2507 ／ FAX 03(5834)2508
URL https://www.sanctuarybooks.jp/
E-mail info@sanctuarybooks.jp

印刷・製本　株式会社シナノパブリッシングプレス
装丁　谷元将泰(谷元デザイン事務所)
本文デザイン・DTP　宮島和幸(KM-Factory)
企画・構成・編集・図版　星野友絵・牧内大助(silas consulting)

ISBN 978-4-8014-8553-2 C0034